핑크빛 인생 후반부를 위한 행복한 설계서

마침표가 아닌 느낌표를 찍는

후반부 인생

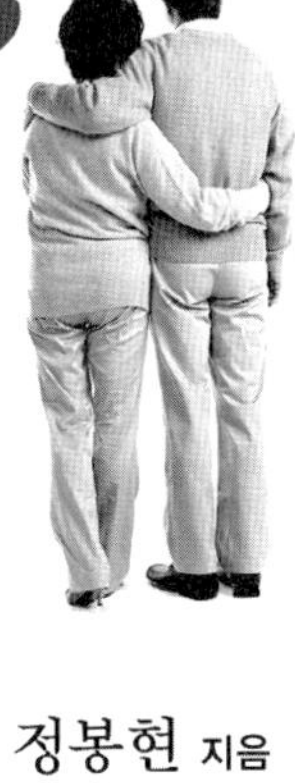

정봉현 지음

maronie

저자소개

정봉현은 중앙대학교 학사, 서울대학교 석사 및 영국 셰필드대학교 박사를 취득하였다. ITS UC Berkeley, KAIST·국토연구원·해양수산개발원에서 연구원으로 근무했고, 영국 셰필드대, 캐나다 토론토대·워털루대, 미국 웨스트버지니아대 교환교수를 역임했다. 한국대학생선교회(CCC) 및 나사렛 형제들 순장, 서울 광림교회·광주 동명교회를 거쳐 광주 새순교회에 출석하고 있다. 전남대학교 교수 및 종교문화연구소장이며, 전문인 선교사(CCC)와 작가로서 지역방송토론(KBS, MBC, KBC) 및 각종 강연·세미나에서 활동하고 있다.

♣ 저서 - 영혼육의 건강과 행복비결, CNU Press, 2011
심고 거두며 빛을 발하라, CNU Press, 2013

핑크빛 인생 후반부를 위한 행복한 설계서

마침표가 아닌 느낌표를 찍는

후반부 인생

인 쇄 2016년 4월 5일
발 행 2016년 4월 11일

저 자_정봉현
발행인_지병문
발행처_마로니에(CNU Press의 Imprint)
등 록_1981. 5. 21. 제53호
주 소_61186 광주광역시 북구 용봉로 77
전 화_(062) 530-0571~2
영업부_(062) 530-0573
팩 스_(062) 530-0579
홈페이지_http: //www.cnup.co.kr
이메일_cnup0571@hanmail.net

값 10,000 원

ISBN 978-89-6849-300-3 (03200)

이 도서의 국립중앙도서관 출판예정도서목록(CIP)은 e-CIP홈페이지(http://www.nl.go.kr/ecip)와 국가자료공동목록시스템(http://www.nl.go.kr/kolisnet)에서 이용하실 수 있습니다.
(CIP제어번호: CIP2016008629)

Happy plan for second pink life

Second life is not a period, but an exclamation point!

Bonghyun Jeong

Professor, CNU Rep. of Korea

maronie

핑크빛 인생 후반부를 위한 행복한 설계서

마침표가 아닌 느낌표를 찍는

후반부 인생

님께

년 월 일

드림

| 머리말 |

준비된 후반부 인생은 행복하다

우리나라는 세계에서 빨리 고령화 사회로 접어들었다. 한국인의 평균수명은 1960년대 52세였으나, 2013년 82세가 되었고 100세 장수시대가 현실로 다가오고 있다. 새해 첫날의 설렘이 클수록 젊음이고, 아쉬움이 클수록 나이 듦의 징표라고 말한다. 오늘날 인생의 유효기간을 80대로 본다면 마흔은 중점이요 생의분수령이다. 스물이 풋풋한 느낌을 준다면 서른은 직장과 가정에서 뿌리를 내리며 뻗기 시작하는 견고한 시기이다. 마흔은 내려진 뿌리가 번성하며 정착하기에 안정감을 준다.

이제 마흔이 청년과 중년을 구분하는 최종 경계선으로 인생 후반부를 설계해야 한다. 인생 후반부의 건강, 경제력, 힘, 인간관계 등은 인생 전반부와 같지 않다. 한국에서 인생 후반부를 물어보면 별 계획 없이 좀 쉬고 싶다고 말한다. 초고령화 사회에 접어들면서 이모작 인생을 준비하는 것이 필요하다. 사람이 오래 산다고 무조건 좋은 것이 아니고 노년을 잘 지내야 성공한 의미 있는 인생이다. 인생 후반부는 인생 최고의 황금기이며, 이 시기의 얼굴은 꽃보다 아름다운 시기가 된다.

노년을 잘 준비하는 자만이 오래도록 행복하게 사는 행운을 누린다. 본 서적은 총 7부로 구성되어 있다. 제1부는 100세 장수시대의 도래에 따른 의미, 영향 및 대비내용을 강조한다. 제2부는 은퇴·노후의 현실과 준비에 대한 요소, 안내와 방법을 설명한다. 제3부에서는 인생 후반부를 위한 좋은 방향을 정하는 데 고려할 원칙과 요소들을 언급하고 있다. 제4부는 인생 후반부를 행복하게 보내기 위하여 실천할 방법과 분야들을 안내한다. 제5부는 인생 후반부에 대비하여 연령대별로 설계할 실전내용을 다룬다. 제6부는 인생 후반부를 준비하여 빛나는 삶을 사는 사람들의 이야기를 소개한다. 제7부에서 인생 후반부를 아름답게 마무리하기 위한 준비 사항들을 언급하고 있다.

서적을 집필한 후에 돌이켜보면 아직도 부족하고 미진한 내용이 많다. 다소 부족한 내용은 추후 지속적인 연구와 노력으로 수정하고 보완할 것이다. 독자 여러분의 귀중한 고견과 질책은 언제든지 환영한다. 여기에 많은 관련 전문가들의 소중한 연구내용들이 참조되었으나, 상세히 기술하지 못한 점은 양해하길 바란다. 서적을 통하여 인생 후빈부에 접어든 꽃중년들이 개인 특성에 맞추어 인생 후반부를 미리 준비하는 데 도움이 되길 희망한다. 사람은 인생 후반부를 잘 살아야 행복하고 성공한 인생이 된다. 끝으로 서적을 출간하도록 인도하여 주신 하나님께 모든 영광과 감사를 드립니다.

2016년 3월

정봉현

| 목 차 |

제4부 인생 후반부의 멋진 관리

제5부 인생 후반부 대비 잘한 설계

제6부 빛나는 인생 후반부 사례

제7부 아름다운 인생 후반부 마무리

제1부

100세 장수시대의 도래

36세가 되기 전까지는 이른바 인생의 준비기간이다. 그 이후가 현실에 직면하여 승부를 내야 할 때다. 필요한 준비를 다 마친 사람은 60세가 될 때까지 매년 효율성을 높이며 일에 매진할 수 있다. 술과 담배를 삼가고 큰 병에 걸리지 않는다면 80세까지도 그런 생활이 이어질 수 있으며, 경우에 따라서는 90세까지 사는 것도 결코 불가능 하지만은 않다.

- 에디슨

01. 인간의 장수 욕망

인간은 누구나 욕망을 가지고 살아간다. 욕망은 부족을 느껴 무엇을 가지거나 누리고자 탐하는 마음이다. 사람은 무병장수, 즉 병 없이 건강하게 오래 사는 삶을 갈망한다. 사람은 욕망을 부리지 않고 주어진 삶에서 행복한 삶을 살고 싶다. 인간의 욕망은 안타깝게도 끊임없이 솟아나며 늘어난다. 욕망을 지나치게 억제하면 욕구불만을 초래하여 자신과 이웃에게 불행을 가져다준다.

인간의 욕망은 과거는 물론 현재에도 있으며, 미래에도 사라지지 않는다. 동서고금을 막론하고 옛날의 왕들은 무병장수의 꿈을 이루려고 노력했다. 조선시대 왕의 식사는 국가의 대사였다. 임금의 수라상을 차리기 위해 전국 방방곡곡에서 산해진미가 징발되었다. 식단을 결정하고 식사 중 왕의 상대역을 맡았던 사옹원 제조에서부터 잔칫상 등을 담당하는 남자 요리사인 숙수, 여자요리사인 주방 상궁, 음식에 독이 들었는지를 검사하는 기미상궁 등 숱한 관직들이 존재했다. 왕의 식사 역시 먹고 싶은 걸 마음대로 먹는 사적인 행위가 아니었다. 식단은 균형 잡힌 영양을 공급하기 위해 엄격히 제한됐다. 이런 노력에도 불구하고 조선시대 왕들의 평균수명은 47세에 그쳤다.

중국을 통일한 무소불위의 진시황은 불로장생을 꿈꾸며 신하들에게 전국 방방곡곡 늙지 않는 '불로초'를 구해오라 명령했다. 심지어 불로초 탐사에 나선 신복인 '서복'이라는 사람은 "제주도 한라산에까지 불로장생의 신비한 약을 구하러 먼 길을 왔다."고 전해진다. 하지만 진시황은 결국 불로장생의 꿈을 이루지 못하고 오십 살의 나이로 죽었다. 조선 왕들의 수명은 당시의 명, 청 왕조와 비슷했고 영국왕 51세, 프랑스왕 48세에 비해서는 다소 짧았다. 조선 초기 왕들은 격구나 사냥 등으로 운동했다. 그러나 중기 이후 성리학이 정착되면서 왕의 운동이 금기시됨으로써 건강은 악화됐다. 중국의 경우, 명에 비해 청나라 때 왕의 수명이 크게 늘었는데, 북방 민족의 활동적인 기풍과 연관이 있다.

물론 조선시대 왕의 수명은 평균 24, 25세에 그치는 일반 백성들에 비하면 거의 배에 육박했다. 왕의 수명은 사대부에 견주어 보면 아주 단축되었다. 조선왕 중 80세를 넘긴 왕은 영조가 유일하고 일흔을 넘긴 왕도 태조뿐이다. 태조는 58세가 되어서야 임금에 올랐으니 경우가 좀 다르다. 이에 비하면 87세에 작고한 황희, 이원익을 필두로 맹사성, 이준경 등 명재상들은 70수를 훌쩍 넘겼다. 다산 정약용, 성호 이익, 고산 윤선도, 추사 김정희 등 당대의 명문가들도 마찬가지였다. 부하들은 검소하고 절제된 생활로 임금보다 평균수명이 더 길었다. 인간은 불로장생의 꿈을 이루지 못했지만, 평균수명이 80세를 넘어 점점 100세에 이르고 있다.

고대 의서와 종교 경전에서는 인간의 수명을 70-100년 정도로 보았다. 고대 그리스의학의 선구 히포크라테스는 56세가 생애의 정점이라고 말했다. 17세기 조선의 허준은 동의보감에서 인간의 생애를 3단계로 나누어 0-30세 성장의 과정, 40-60세 노화의 과정, 70-100세 죽음에 이르는 과정으로 파악했다. 아리스토텔레스는 "육체와 정신의 성장을 보아서 육체는 35세에, 정신은 50세에 완벽한 경지에 이른다."고 말했다. 21세기에는 생명기술의 발전, 경제성장 및 의식주 개선으로 인간의 노화마저 조절하는 100세 장수시대가 도래하고 있다. 인간의 생명이 연장되고 장수를 구가하는 것은 생물학적으로는 의미가 없으며 인간에게 최선의 방향은 아니다. 수명이 연장되고 인구구조가 고령화되는 현상은 인류에게 새로운 도전 및 과제들을 던져준다.

02. 100세 장수시대의 의미

고령화 사회(Aging society)는 65세 이상의 인구가 총인구에서 차지하는 비율이 7% 이상일 때를 말한다. 이런 고령계층의 비율이 증가하고 평균수명이 늘어나면서 100세 시대가 현실로 나타나고 있다. 고령화 추세는 빠르게 진행되며 무병장수가 중요한 사회적인 관심사로 대두되었다. 한국도 의료기술이 발달하고 생활환경이 개선되어 건강상태가 향상되고 국민의 평균수명도 연장됐다. 건강의 개념이 질병 없음의 상태에서 육체적, 정신적, 사회적 안녕의 상태로 변화되었다. 이로 인해 건강관리도 치료적 접근에서 예방적인 차원으로 변화되고 공공측면에서 건강관리의 중요성이 강조되었다.

100세 시대는 국민 평균수명이 100년인 시대를 뜻하지 않는다. 이것은 국민 다수가 100세까지 살 것을 기대하면서 노후를 맞이하고 준비하는 시대를 의미한다. 100세 시대에 초고령 사회를 지금부터 스스로 준비하여 잘 살 수 있는 여건마련에 초점을 둔다. 100세 시대는 일반 국민이 100세까지 살 것을 기대하면서 건강한 노후를 준비하는 시대이다. 현재의 고령화 정책은 80세 시대 고령자와 사회적 약자 중심의 정책으로 특정계층을 일반적으로 지원했다. 주로 노인을 위한 복지시설, 무장애, 독거노인을 위한 생필품 지원 등 시설확충과 생활물품을 지원하는 하드웨어 정책에 초점을 두었다. 한편 100세 시대에는 건강한 삶을 국민 스스로가 준비할 수 있는 여건 조성에 중점을 둔다. 100세 시대 정책은 모든 국민이 안전하고 건강하게 생활하도록 참여, 자립, 일자리, 건강, 안전을 위한 각종 사업계획과 이를 위한 제도적인 개선 등 소프트웨어 정책을 포함한다.

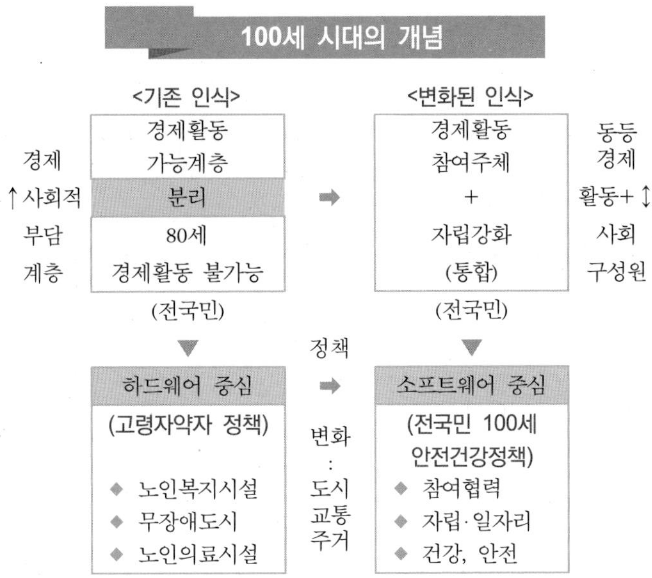

03. 100세 시대의 등장과 유머

2015년 한국인의 평균 기대수명이 경제협력개발기구(OECD) 회원국의 평균수명인 78.9세를 앞질러 81.0세를 기록했다. 이는 미국의 77.8세보다 높고 최장수 국가인 일본의 82.4세에 육박하는 것이다. 세계보건기구(WHO)의 발표로 보면, 2013년 한국인의 평균 기대수명이 81세이며, 100세 이상 고령자가 5년 만에 배 가까이 크게 증가했다.

유엔 경제사회국(DESA)의 2012년 세계인구전망 보고서에 따르면, 한국인의 평균 기대수명은 2045-2050년에 88.4세로 증가하여 홍콩에 이어 세계2위에 오를 전망이다. 일본은 수년째 장수국 1위(83세) 자리를 차지하나 홍콩에 밀릴 것으로 추정되고 있다. 유엔은 한국인의 평균 기대수명이 2095-2100년에 95.5세로 홍콩과 일본을 제치고 세계 최장수국에 등극할 것으로 전망한다. 100세 장수시대의 현실에서 "정신적으로는 60세까지가 중년"이란 말이 실감난다. 103세의 여성판사가 있고 92세의 할머니가 마라톤을 완주하며, 80세의 나이에 야구감독을 한다.

요즈음 100세 장수시대에 한국에서 아주 널리 통용되는 유머가 있다. 어느 날 60대, 70대, 80대 된 노인이 모두 눈두덩이 퍼렇게 멍이 들어 나왔다. 주변에서 왜 그렇게 되었느냐고? 묻자 60대는 아침밥을 해달라고 하자 아내가 때려서 그렇게 되었다고 했다. 70대는 아내가 화장하는 걸 보고 어디 가느냐고 물어보자 다짜고짜 때리더라는 것이다. 이것들은 요즘 높아진 여성의 권력을 빗대는 우스개로 한두 번쯤 들어보았다. 그런데 80대 노인이 아내에게 맞았다는 이유는 유머라고 하기에는 조금은 살벌하다. 80대 노인의 말인즉 아침에 침대에서 눈을 떴더니 왜 눈을 떴냐며 때렸다는 것이다. 이것은 나이든 남편이 아내에게 짐이 되어서 그러는 것일까? 아무튼 그런 농담에 관계없이 사람이 오래 산다는 것은 반가운 일이면서도 심각한 사회문제이다.

사람들의 공통된 걱정은 수명은 늘어나는데 노후대책은 충분하지 않다는 데 있다.

04. 100세 시대의 악영향

고령화 사회의 진전으로 인한 100세 장수시대의 영향은 인구의 시한폭탄, 인구지진 또는 고령화의 충격으로 표현된다. 이 말들은 지구의 환경위기와 더불어 고령화가 인류가 실현하는 꿈과 인류사회 발전의 위대한 업적이 인류의 발전을 파괴하는 재앙의 부메랑이 될 수 있는 시각이 크기 때문이다. 그 시각들은 100세 시대의 도래에 따른 경제적, 사회적 파급효과를 부정적으로 전망한 데서 비롯된다.

경제적 파급영향

100세 시대는 고령자가 급격히 증가해서 경제적 위기가 닥쳐오며 복지정책의 확대로 예산지원이 크게 늘어난다. 이것은 사회적인 비용문제를 야기하며 노령인구가 사회적 자원을 소진시킬 것이다. 실제로 2011년 총고령자 중에서 취업자는 28.7%, 비취업자는 71.3%를 나타냈다. 2010년 한국의 생산가능 인구 6.6명이 노인 1명을 부양했는데, 2020년에 5명이 1명, 2030년에 3명이 1명을 부양할 전망이다.

인구감소와 고령화 사회의 등장

■ 65세 이상 인구 비율 : 7% 고령화사회, 14% 고령사회, 20% 초고령사회

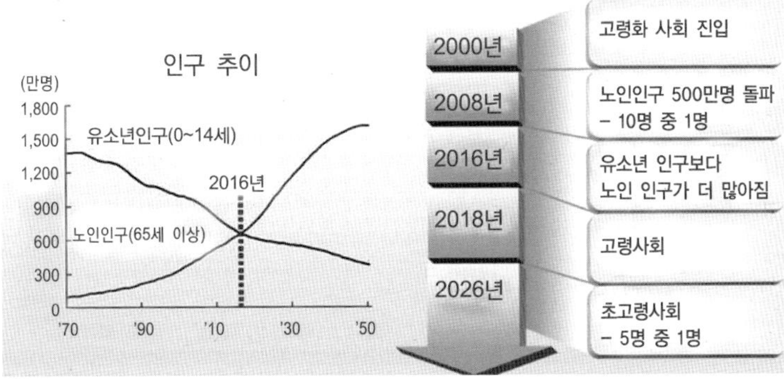

100세 시대에는 고령자에게 지출되는 사회적 비용과 이에 대한 부담도 더욱 증가한다. 통계청의 경제활동인구 전망치를 보면, 2012-2016년 동안에 노동력이 연간 10-15만명 증가하나, 2016-2030년 동안에 연간 10만명 이하로 떨어질 추세이다. 동시에 생산가능인구(15-64세)도 2016년을 정점으로 감소할 전망이다. 베이비붐 세대의 은퇴가 거의 마무리되는 2022년에 노동공급의 마이너스(—) 성장이 예상된다. 노동력의 고령화도 심각하여 생산성이 떨어질 것이다. 전체 경제활동인구 중에 50세 이상 비중이 2000년에 24.4%에서 2020년 40.2%, 2050년 50.6%로 크게 증가할 전망이다.

한국사회는 낮은 출산율과 더불어 평균수명의 연장으로 인구고령화가 매우 빠르게 진행되고 있다. 이러한 사회적 변화에 개인이나 국가의 준비가 소홀하고 효과적으로 대처하지 못하고 있다. 특히 약 730만명에 이르는 베이비붐 세대(1955-1963년)의 약 30% 정도가 적

(1970년대)

(2030년대)

극적으로 노후를 준비한 것으로 나타났다. 별다른 준비 없이 노후를 맞이하는 것은 장수가 축복이 아니라 재앙이다.

2015년에는 베이비붐 세대가 60세에 진입하여 많은 국민연금 수급자가 발생한다. 이것은 연금재정을 불안정하게 만들며 연금 사각지대의 보완을 요구하는 등 정책과제들이 드러난다. 노동시장에서는 베이붐 세대의 은퇴가 시작되어 제조업체에서 기능인력이 부족하고 산업의 성장동력이 훼손될 수 있다.

산업의 성장동력이 떨어지면 국내총생산(GDP)의 성장에도 부정적인 영향을 미쳐 향후 2-30년간 GDP는 1.5% 감소할 것이다. 단지 은퇴 근로자들은 최소한 가구소득을 보전하거나 부채상환을 위해서 재취업을 많이 한다.

사회적 파급영향

사회적으로 고령화는 빈곤, 외로움, 질병 등 부정적인 모습과 연계되어 있다. 노령인구가 증가함에 따라 사회적으로 무력한 분위기가 조성된다. 고령화로 인한 사회적 파급효과는 전반적으로 사회 발전 및 개인지식의 향상과 노력으로 이어진다. 이것은 사회적인 개입을 초래하여 전통적으로 열악한 노령층의 상황이 개선될 수 있는 기회도 된다.

오늘날은 고령자보다 독신자의 증가에 따른 사회적 파급효과가 크게 나타난다. 출산을 장려하기 위해서 각종 사회적 혜택들이 기혼가정을 중심으로 재편되고, 독신자에 대한 과세가 증가한다. 이것은 독신자 집단의 정치 세력화를 조장할 수 있다.

문화적 파급영향

100세 시대는 연령의 통합사회로 변모하여 세대 간 구분이 없는 취향별 문화 콘텐츠를 향유할 가능성이 크다. 이로 인해 증가한 고령자가 문화콘텐츠의 중요 고객으로 성장한다. 독신자의 증가는 보편적인 독신자 문화를 사회에 확산시킨다. 독신자 전용상품, 독신자 카페, 독신자 식당 및 독신맨션 등 독신자의 상품 및 주거문화가

▌100세 장수시대의 익영향▐

영 향	악영향의 세부내용
경제적	• 사회적 비용부담의 증가, 노동공급의 부(−) 성장 • 노동생산성 감소, 노후준비 소홀, 연금재정 악화 • 산업 성장동력의 저하, 피부양인구의 증가
사회적	• 사회적인 무기력 분위기, 독신자의 과세증가 우려 • 기혼가정의 혜택증가, 독신자집단의 정치세력화
문화적	• 취향별 문화콘텐츠의 향유, 독신 구매상품의 등장 • 독신주거문화, 독신자·고령자 공동체의 형성

확산되고 있다. 미래에 1인 가구의 증가는 독신자 및 고령자 공동체가 현재의 가정 같은 역할을 대신한다. 예를 들면, 자발적인 노인공동체, 독신자 및 미혼자들의 공동체가 형성된다.

05. 100세 시대 은퇴와 후반부 인생

인생 후반부 준비

100세 장수는 인류의 오랜 꿈이지만 그 파장은 사회적으로 무척 크다. 앞으로 "장수시대가 축복이 아닌 재앙"이라는 말도 있다. 개인의 축복이 사회적 재앙이 되지 않도록 대비할 때가 이미 도래했다. 특히 생애의 마지막 10년 이상을 병치레 하면서 산다는 것도 정말 끔찍한 일이다. 그래서 건강에 관한 정보는 각종 미디어를 통해 홍수처럼 쏟아져 나온다. 정보가 너무 많다보니 지금까지의 정설을 뒤엎는 역정보가 다시 정설이 되고 있다. 그 예로 "장수촌의 노인들은 잡곡밥보다 쌀밥을 더 즐기고 있다" 라는 이야기가 우리를 헷갈리게 만든다.

2015년 조사된 '행복지수' 결과에 따르면 한국인의 삶의 질이 OECD 국가 중 아주 낮은 수준으로 나타났다. 경제적으로 선진국 수준에 도달했지만 아직도 총체적인 삶의 행복 정도는 한참 뒤떨어져 있다. 오늘날 한국의 노년층들은 은퇴 후 생활에 대해서 준비가 소홀하다. 자녀들의 교육과 양육에 온 힘을 쏟다보니 본인 스스로는 은퇴 후의 생활보장에 무관심하다. 한 연구소의 조사에 따르면, 한국인의 72.7%가 은퇴 후의 생활을

걱정하고 있다. 그 이유는 은퇴 후에도 편안하게 살아갈 수 있는 자금을 충분히 확보하지 못하고, 은퇴준비가 소홀했기 때문이다. 한국인의 27%만이 은퇴 후에 생활할 수 있는 자금을 저축해 놓았다고 한다.

노인들의 수명이 점점 길어지면서 경험하지 못했던 다양한 사회 현상들이 생긴다. 그 중의 하나가 은퇴 후의 긴 세월을 어떻게 살아가야 하는가의 문제이다. 노년을 건강하게 살기 위해 '지금 무엇을 해야 하나?' 하는 과제 못지않게 중요한 것은 '왜 우리들은 오래 살려고 하는가?'에 대한 확실한 답변과 성찰이 필요하다. 아무런 의미 없이 동물적으로 오래만 산다면 가족, 이웃과 공동체에도 엄청난 짐이 된다.

세계적인 리더십의 권위자 스티븐 코비박사는 "인생에서 성공하자면 당장 시급하지 않지만 그래도 중요한 일에 몰두하라."고 말한다. 성경의 관점에서는 그 중요한 것마저도 '헛되고 헛된 일'수 있다. 하지만 하나님이 우리 각자에게 부여한 특별한 사명이 있음을 깨우치며 그 뜻에 따를 때 장수는 의미가 있다. 맹자도 말하기를 "순천자(順天者)는 존(存)하고 역천자(逆天者)는 망(亡)한다"고 했다.

장기적인 은퇴 플랜이 필요하며, 노후는 스스로 준비해야 한다. 준비하지 않으면 은퇴 후에 어려운 상황을 맞는다. 힘이 들어도 지

금부터 차근차근 은퇴 계획을 세우는 길이 100세 장수시대를 축복으로 만드는 길이다. 현재 청·장년기의 사람들은 사실상 100세 시대에 살고 있다. 한편으로는 '과연 다가오는 장수시대를 행복하게 살 수 있을까?' 하는 걱정이 앞선다. 사람들이 장수하는 것이 좋은 일이지만, 이것만이 행복하다고 분명하게 말할 수 없다. 진정으로 행복한 100세 시대를 살기 위해서는 그만큼 많은 방해요소나 풍파에 대한 충분한 점검과 준비가 필요하다.

균형 있는 인생 후반부 설계

과거에 은퇴준비는 보통 은퇴 후 생활비를 어떻게 마련하고 쓸 것인지에 대한 재무적인 준비(자금마련)에 치중했다. 하지만 좀 더 길어진 인생을 살게 될 현대인들은 은퇴 이후의 일과 사회적 관계, 건강 등 비재무적인 준비도 함께 고려한다. 은퇴 및 노후설계를 위해서 재무적인 부분과 비재무적인 부분을 균형 있게 준비하는 것이 요구된다. 이것이 가장 바람직한 은퇴준비 형태이지만, 아직까지 이러한 유형은 많지 않다.

재무적인 부분을 충실하게 준비하는 사람들은 제법 되지만, 비재무적인 준비는 미처 못 챙기는 사람들이 많은 데, 이러한 유형은 '천만다행(千萬多幸)형'이다. 그래도 재무적인 준비는 하고 있으므로, 지금부터 은퇴 이후를 비재무적인 부분만 열심히 한다면, '유명무실(有名無實)형'이다. 비재무적인 은퇴준비가 중요하다고 하지만, 재무적인 기반이 어느 정도 뒷받침되지 않으면 역시 제대로 준비될 수 없다. 마지막으로 현실에 치우쳐 두 가지 중 어느 하나도 제대로 준비하지 못한다면 '설상가상(雪上加霜)형'이다. 나중에라도 준비할

시간은 충분하다는 생각에 미룰 수도 있다. 하지만 길어진 인생을 위한 준비가 결코 짧은 시간에 쉽게 되지 않는다. 더욱 안타까운 점은 여전히 많은 사람들이 재무적으로나 비재무적으로 준비를 소홀히 한다는 현실이다.

행복한 은퇴를 돈으로 살 수 있다면 얼마나 할까? 결론은 "돈으로 살 수 없는 것이 행복"이다. 그러나 다행히도 행복은 그 값을 매길 수는 없지만, 충분히 노력하면 누구나 얻을 수 있다. 안정된 삶을 꿈꾸며 은퇴자산을 마련하며 몇 가지 노력을 병행하면 몸과 마음이 풍요로운 행복한 노후를 누린다. 모두가 즐거운 마음으로 행복한 100세 장수설계를 준비하는 것이 필요하다.

인생 후반부 설계의 준비형태

유 형	세 부 내 용
1. 천만다행형	• 재무적 부문의 준비는 충실함 • 비재무적 부문의 준비는 소홀함
2. 유명무실형	• 재무적 부문의 준비는 어느 정도 진행 • 비재무적 부문의 준비 시작함
3. 설상가상형	• 재무적 및 비재무적 부문의 준비 못함

제2부

은퇴·노후의 현실과 준비

노년은 10대 때부터 준비하기 시작해야 한다. 65세까지 목적 없이 산 삶이 은퇴 무렵에 갑자기 충만하지는 않을 것이다.

- 아서 모건 -

01. 퇴직과 은퇴는 다르다

'퇴직'과 '은퇴'는 언뜻 보면 비슷하나 실제로는 전혀 의미가 다르다. 이에 따라 퇴직자와 은퇴자에 대한 법과 정책이 명확히 구분되어 있다. 퇴직은 개인이 현직에서 물러나는 것으로서 정년퇴직, 희망퇴직과 명예퇴직 등의 이유가 있다. 은퇴는 직임에서 물러나거나 사회활동에서 손을 떼고 한가히 지내는 것을 의미한다. 은퇴는 소득을 목적으로 한 경제활동을 완전히 멈춘 상태이다. 따라서 퇴직자는 노동시장에 아직 남아 있는 노동자이다. 은퇴자는 노동시장에서 퇴장한 비경제활동인구이다.

선진국도 종전에는 단순히 직장을 그만두는 상태를 뜻하는 퇴직의 개념만 있었다. 은퇴의 개념은 사회보장제도의 발달로 정년제가 도입되어 정년 후에 노동시장을 완전히 떠나면서 생겼다. 이를 테면, 미국에서 퇴직(retirement)이란 용어가 1928년 처음 등장할 때도 '현재 일의 철회 상태'(a state of being withdrawn)를 의미했다. 1935년에 사회보장법의 시행으로 퇴직한 뒤에 사회보장연금 혹은 사적연금을 받는 노동자가 생겨나면서 1945년 '은퇴자'(retiree)란 단어가 문서에 처음 등장했다. 산업화로 인하여 공장의 임금노동자가 급증하면서 은퇴자의 개념은 점차 퍼졌다. 한국에서도 외국처럼 예전에는 은퇴의 개념이 없었다. 대다수의 국민들은 농업에 종사하며 생활을 영위하고 체력이 지탱되면 일했다. 산업화가 급속히 진전되어 육체노동과 숙련기술을 요구하는 업무가 증가하여 기존 노령노동자가 청년노동자에게 일자리를 내주는 상황이 되면서 은퇴개념이 확산되었다.

퇴직자와 은퇴자 간 개념이 달라서 업무를 처리하는 정부부처도 분리되어 있다. 현재 고용노동부는 고용시장에 아직 머무르는 퇴직자의 지원업무를 담당한다. 노동부가 다루는 대상자는 경제협력개발기구(OECD)가 정한 생산가능 인구(만 15~64살)범위에 있는 만 50~64세 준고령자·고령자이다. '고용상 연령차별금지 및 고령자 고용촉진에 관한 법률'은 고용노동부가 재취업을 지원하는 만 55세 이상은 고령자, 만 50~54세는 준고령자로 규정하고 있다. 이들이 노동시장에 오래 근무하도록 고용기간을 연장한 기업에 인건비를 지원하거나, 고령자에게 취업상담·현장연구·취업알선 서비스를 제공하여 재취업을 돕는 것이 노동부의 대표적인 고령자 취업지원 프로그램이다.

보건복지부는 은퇴한 만 65세 이상 노인을 위한 일자리 지원업무를 처리한다. 복지부는 '노인복지법'에 따라 국민연금·기초노령연금 외에도 소득이 필요하거나 사회참여를 원하는 노인이 시간제 일거리를 찾도록 도와준다. 만 65세 이상 은퇴자는 이미 주된 경제활동을 끝냈기 때문에 소득 보충적인 성격의 소일거리를 소개받고 있다. 이것은 취업지원이 목적이 아니라 노인복지 차원에서 이루어진다. 노인은 소일거리가 있으면 우울감에 시달리지 않고 정부도 의료비 등을 절감할 수 있다.

02. 은퇴·노후는 자신이 책임진다

오늘날 주변에서 대가족을 찾기가 점점 어렵다. 핵가족을 넘어 1인 가구까지 생겨나면서 부모를 모시고 사는 것이 당연하다는 인식도 사라졌다. 장남조차 결혼하면 분가하는 것을 좋아한다. 젊은이들 사이에서 부모를 부양해야 한다는 인식이 점차 사라졌다.

부모들도 굳이 자식들과 함께 살아야 한다고 생각하지 않는다. 자식과 함께 살면서 괜히 며느리와 문제가 생기고, 자식 눈치를 보느니 따로 사는 것이 편하다고 느낀다. 은퇴 후 가장 큰 문제는 재정적인 기반이다. 노후에 자식과 함께 살지 않고, 부부끼리 오붓하게 살기 위해서는 자금이 필요하다. 노후를 보낼 자금을 준비해놓지 못하면, 자식에게 손을 벌릴 수밖에 없다.

그래서 현명한 부모들은 일찌감치 자신의 노후를 준비한다. 자녀 학자금이나 결혼자금 등에 맹목적으로 돈을 쏟아 붓지 않는다. 부모로서 책임을 가지고 어느 정도 준비해서 도움을 준다. 그러나 자신들의 노후자금을 마련하는 재무설계에도 크게 신경을 쓴다. 그 과정에서 자녀들 스스로도 자신의 인생을 설계하고 책임지도록 교육해야 한다. 이것은 자녀와 부모 간에 행복한 인생여정을 가져오는 상생전략이다. 부모는 자녀들에게 들어가는 돈을 줄이고, 자녀들은 부모의 노후를 책임져야 하는 부담에서 해방된다. 이러한 변화는 현실적으로 매우 바람직한 현상이다. 앞으로는 자식이 원해도 부모의 노후를 책임지기 어려운 상황이 온다.

고령화 사회의 도래로 경제능력이 있는 젊은이들이 세금 등을 통해 사회적으로 노인을 부양하는 정도가 증가하고 있다. 1970년대에는 17명의 젊은이가 1명의 노인을 부양했다. 2030년에는 저출산 등으로 2.8명의 젊은이가 1명의 노인을 부양할 전망이다.

이쯤 되면 젊은이들은 노인들을 위한 연금 및 의료 등의 복지를 위해 세금 폭탄을 짊어지게 된다. 이 상황에서 과연 자신의 부모를 부양할 수 있을까? 세금을 내고 먹고 살기도 힘들 것이다. 현실적으로 자녀가 부모를 부양할 수 없는 시대다. 그러므로 자식의 부양을 받겠다는 마음을 버리고, 스스로 은퇴 후의 인생을 준비하는 것이 자식을 위해 부모가 해야 할 일이다.

03. 은퇴의 꿈과 현실

신데렐라, 백설공주, 잠자는 숲 속의 공주 등은 모두 어렸을 적에 한 번쯤 읽어본 동화이다. 이 동화를 읽은 소녀들은 백마 탄 왕자님을 꿈꾼다. 그러나 현실은? 나이가 들어가면서 소녀는 여자가 되고 세상 어디에도 백마 탄 왕자가 없다는 사실을 알게 된다. 그리고 이렇게 말한다. "남자? 다 거기서 거기야." 이처럼 꿈과 현실은 하늘과 땅 차이이다. 현실은 꿈보다 훨씬 냉혹하고 차갑다. 그 냉혹함을 알게 되면, 냉정한 세상을 들여다본다. 안타깝지만 때로는 그런 경험이 힘든 세상을 지혜롭게 살아가는 힘이다.

은퇴 후의 삶도 마찬가지다. 우리는 모두 행복한 노후를 꿈꾼다. 기왕에 경제적으로 부유한 노후를 살고 싶고, 마음 같아서는 젊어서 가보지 못한 세계여행을 하고 싶다. 그동안 마음만 먹고 해보지 못한 취미생활들도 많다. 아름다운 전원주택을 짓고 노후를 자연과 함께 보내는 낭만적인 시골생활을 그리워하는 사람들도 있다.

하지만 역시 현실은 꿈과 너무나 다르다. 은퇴하는 것과 은퇴 후의 삶도 녹록치 않다. 어느 대기업에서 직원을 상대로 '언제 은퇴할 것인가?'라는 주제로 설문조사를 했다. 응답자들은 대부분 '거동이 불편해서 일할 수 없을 때까지 근무하겠다'고 대답했다. '은퇴 후 한 달에 얼마의 생활자금이 필요하냐?'는 질문에 대상자의 절반 정도가 200만~300만원이라고 응답했다. '300만원 이상 필요하다'고 대답한 사람도 14.2%나 됐다. 보건사회연구원의 조사에 따르면 우리나라 만 65세 이상 노인 3명 중 2명은 '자녀와 따로 살고 싶다'는 것으로 나타났다. 특히 만 65세 미만의 장년층은 노후에 자녀와 따로 살고 싶다고 응답자의 82%가 말했다. 향후 자녀와 같이 살지 않는 노인이 더욱 많아질 것이다.

보통 한국인들은 경제활동을 되도록 오래하고, 은퇴 후에 따로 살면서 월 200만원 이상 쓰고 싶어한다. 그러나 현실은 희망하는 상황과는 다르다. 은퇴시기를 보면, 직장인들의 예상 정년은 꾸준히 하락하고 있다. 2010년 취업 포털사이트 인크루트가 직장인 1,075명을 대상으로 '현재 직장에서의 예상 정년'을 조사한 결과, 평균 46세로 파악되었다.

은퇴 직전까지 일을 하고 싶은데 40대 초반에 자리에서 물러나는 것이 현실이다. 이렇다 보니 정년을 한 후 다른 일자리를 구한다. 하지만 연령 때문에 다른 직장에 다시 취업하기도 쉽지 않다. 자연스럽게 퇴직한 후 창업하는 자영업자가 늘어나고 있다.

이미 한국의 자영업 비율은 적정 수준의 3~4배나 된다. 자영업을 시작한 사람 중 80%가 3년 안에 가게를 닫고, 흑자영업을 하는 곳은 겨우 5%에 불과하다. 정년 후 일을 해도 원하는 만큼의 소득을 얻기 힘들다. 은퇴 후 희망하는 매월 생활비는 200만~300만원 이상이었다. 현실적으로 이 금액을 지출하면서 살기 위해서는 은퇴초기 자산이 5억 5천만~8억 2천만원 있어야 한다. 이 자금은 사전에 은퇴설계 없이는 마련하기 어려운 큰 금액이다.

한국의 870만명 베이비부머 세대의 은퇴자산을 조사한 결과, 순자산이 3억원 미만이었다. 전체 응답자 중 부동산과 금융자산을 합친 보유자산이 3억 원 미만인 경우가 50.9%로 절반을 넘었다. 3억원 이상 5억원 미만은 20.1%, 5억원 이상을 보유한다는 응답은 23.8%에 그쳤다. 응답자의 75.3%는 미래에 대해서 경제적 불안을 느낀다고 대답했다. 결국 한국의 베이비부머 세대는 원하는 노후를 보내기가 그만큼 힘든 것으로 보인다.

국가별 은퇴준비의 현황을 파악하는 기준은 바로 소득대체율이다. 소득대체율은 국민연금 가입기간의 평균소득을 현재 가치로 환산한 금액만큼 연금으로 지급하는 비율이다. 이 비율을 통해 은퇴 후 현재 소득의 몇 %를 연금으로 받아 은퇴 후 생활을 해나갈 수 있는지 안다. OECD에 따르면 평균소득층의 소득대체율이 큰 나라는 아이슬란드(90.2%), 네덜란드(88.3%), 룩셈부르크(88.1%) 등으로 나타났다. 우리나라의 경우 소득대체율은 42.1%로 일본(33.9%), 멕시코(36.1%)와 함께 OECD 평균 소득대체율인 59.0% 보다 낮았다.

이는 우리나라가 노후생활을 영위하는 데 필요한 연금액이 매우 낮음을 의미한다. 그만큼 노후준비가 제대로 이루어지지 않고 있다. 실제로 현재 한국에서는 월 소득액의 9%를 연금 보험료로 납부한다. OECD 가입국가의 평균수준인 21.0%와 비교하면, 절반에도 못 미친다. 선진국은 월 소득의 30~40%를 연금 보험료로 납입하여 안정된 노후를 보장받고 있다. 이것만 보아도 우리나라 국민이 노후준비가 잘 되어 있지 않다.

04. 무엇이 노후를 행복하게 하는가?

어느 광고 문구에 이런 말이 있었다. "열심히 일한 당신, 떠나라!" 한 사람의 인생에서 노후는 지금까지의 노고에 대한 보상을 받아야 하는 시기다. 사람들은 노후를 여유롭고 평화롭게 보낼 권리가 있다. "젊을 때 고생은 사서도 한다."는 말이 있다. 그러나 늙었을 때 고생은 돈 받고도 하지 말아야 한다. 그렇다고 아무나 쉴 수 있는 것은 아니다. 젊었을 때 그만한 은퇴설계를 한 사람만이 누릴 수 있는 특혜이다.

아직도 많은 사람들이 은퇴설계가 얼마나 중요한지 모른다. 자녀 교육비와 주택마련을 위한 저축에는 열과 성을 다하나, 정작 자신의 노후준비는 소홀하다. 노후준비를 하기에는 현실적으로 다른 곳에 지출되는 돈이 너무 많아 따로 자금을 할애하기 힘들다고 핑계댄다. 이런 사람들은 돈에 여유가 생겨야 은퇴설계를 할 수 있다.

그러나 이것은 잘못된 생각이다. 사실상 은퇴설계는 직장인이나 소득이 적은 사람들에게 더욱 필요하다. 부자들은 따로 은퇴설계를 하지 않더라도 조금만 신경 쓰면 어떤 방식으로든 노후자금을 해결한다. 하지만 매일 혹은 매달 지출에 대한 수입의 비율이 조금의 여유도 없는 대부분의 일반인은 따로 계획해야 필요한 노후자금을 마련한다.

일반 서민은 은퇴 후 근로소득이 사라지면 기본생활마저 어려워진다.

자기 집 마련? 그건 못하면 전셋집에서 산다. 하지만 노후자금을 대체할 수 있는 건 아무것도 없다. 따라서 부족한 노후생활을 하지 않으려면 경제활동을 하는 시기에 준비해야 한다. 물론 나이가 들어가도 계속 일을 해서 생활비를 벌 수 있다. 그러나 경제력이 확보된 상태에서 소일거리 삼아 즐겁게 일하는 것과 늙어서도 먹고 살기 위해 일하는 것은 아주 다르다. 전자의 경우 일은 활력 있게 살 수 있는 촉매제로 작용한다. 하지만 후자는 어쩔 수 없이 하는 돈벌이 수단에 불과하다. 일도 내가 하고 싶어서 하는 선택사항이 되어야 노후가 즐겁다.

은퇴설계의 핵심은 누가 뭐래도 노후자금을 마련하는 데 있다. 물론 이외에도 심리적 준비와 삶의 가치관 확립 등이 필요하다. 실제로 노후자금 없이는 어떠한 노후도 평안하고 여유로울 수 없다. 따라서 젊은 시절에 노후자금을 마련하는 것은 은퇴 후 삶을 행복하게 만드는 최소한의 필요충분조건이다.

05. 노후준비 방해의 3가지 적

보건복지부에서 2011년 실시한 노후준비지표 실태조사를 보면 우리나라 국민의 72.7%는 노후준비를 제대로 하지 않는다. 은퇴를 앞둔 중·장년층의 노후 준비율도 45%에 불과하다. 이런 결과는 주위 사람들과 이야기하면 쉽게 체감할 수 있다. 사람들은 노후 준비에 대해 이야기를 하면, '지금 당장 먹고살기도 힘든데 어떻게 노후 준비를 하느냐?'는 반응이 다수이다. 무엇이 우리를 지금 당장 먹고 살기도 힘들게 만드는 것일까? 행복한 은퇴준비를 방해하는 3가지의 적은 3저 현상, 주택마련 비용 및 각종 교육비 부담을 들 수 있다[1].

3저 현상(저출산, 저성장, 저금리)

부모님 세대는 대부분 아버지 한 분이 일해서 현재 세대보다 많은 자식을 부양하며 인생을 살았다. 그런 부모를 생각하면, 맞벌이 부부가 자식도 1~2명 키우는데 허덕거리는 자신의 모습에 한심스러울 수 있다. 이런 것들을 개인의 탓으로만 돌리기에는 주변의 너무 많은 사람들도 비슷하게 고민한다.

사실 1970~80년대 경제활동을 했던 부모세대는 격동의 시기를 보냈다. 경제적인 측면에서 가장 많은 수혜를 받았던 세대이다. 눈부신 경제 성장에 따른 임금 상승, 부동산으로 인한 자산가치의 상승 수혜를 누리며 어느 세대보다 실질소득과 가계의 가처분 소득도 높았다. 가처분 소득이 10%를 넘나드는 고금리로 자금을 모았다. 그 혜택으로 투자에 대한 고민 없이 적금과 예금 등을 활용하여 돈을 저축했다. 지금 한창 경제활동 중인 30~40대는 어떻게 보면, 그런 성장에 따르는 성장통의 피해자이다. IMF 사태로 대변되는 한국 경

1 베이비뉴스(2013.8.26.)

제의 고성장 후유증에 대한 구조조정과 각종 변화를 고스란히 온몸으로 받아냈다. 앞으로 본격적인 경제생활을 해야 하는 20대~30대 역시 전망이 그리 밝지 않다.

현재 맞벌이 부부들의 명목임금은 그 어느 때보다 가장 높은 수준이다. 하지만 물가 상승률과 사회 발전에 따라 늘어난 필수적인 지출액(휴대폰 및 인터넷 요금)들을 감안하면, 실질 임금수준은 우리 부모님 세대보다 낮다. 명목상 임금은 높지만 실질적으로 먹고살기 위해 이것저것 쓰고 나면 투자할 수 있는 실소득이 거의 없다.

저성장의 기조 속에서 아껴 저축하려면 다시 한 번 좌절할 수밖에 없다. '물가 상승률도 따라가지 못하는 저금리 기조는 안전하게 저축만을 통해서는 더 이상 자산을 늘릴 수 없다.'는 아픈 현실을 상기시킨다. 하지만 아직 성숙하지 못한 투자문화와 토양 속에서 마땅히 안심하고 장기적으로 투자수단도 찾기 어렵다.

집값 상승에 따른 주택마련 비용

실질 임금 수준은 IMF 사태를 기준으로 급격하게 떨어졌다. 더 큰 문제는 1990년대 후반부터 저금리, 저성장의 영향으로 가계 실질 소득은 줄어들고 있다. IMF라는 국가적 위기를 겪고도 오히려 어쩔 수 없이 사서 살아야 하는 집값은 2000년대도 지속적으로 상승했다.

2000년대 초반에 집을 사서 자산가치 상승의 수혜를 받은 사람들도 있다. 그러나 많은 사람들은 지역별로 크게 오른 집을 사야 하나 말아야 하나 걱정했다. 신혼부부가 수도권에서 살 집을 구하기 위해서는 전세든 자가 취득이든 순수한 본인 자금만으로 힘들고 거액의 대출을 받아야 한다. 대출 원리금을 내면서 가계 실소득 중 많은 부분을 주택관련 자금으로 지출한다.

지금 주택을 사려고 집에서 먹고살아야 할 쌀을 채우지 못하고 있다. 먹을 것이 텅 빈 집만이 노후가 왔을 때, 집값이 생각했던 것보다 오르지 않고 떨어진다면 어떤 결과가 올지 심각하게 고민해야 한다.

각종 교육비 부담

출산율 저하가 국가적 문제가 된 것은 이미 오래전의 일이다. 출산율이 올라갈 기미도 안 보이고, 갈수록 첫아이를 낳는 연령도 높아지고 있다. 출산기피 현상도 결국은 돈 문제와 관련이 된다. 부모들은 자식들을 “낳아 놓으면 자기가 알아서 크고, 자기 먹을 밥그릇은 다 자기가 챙긴다.”고 말했다. 그런 옛말들이 그냥 옛말처럼 느껴지는 것이 지금의 현실이다.

맞벌이 부부가 자녀를 학원에 보내고 베이비시터를 쓰면서 맞벌이가 가져오는 소득증가 효과는 자녀들이 태어나면 급격하게 떨어진다. 그렇다고 부모 중 한 명이 경제생활을 포기하고 양육에 전념해도 과도한 사교육 열풍에서 자유로울 수 없다. 과거 고등학교시절에 하던 사교육을 이미 유치원 때부터 시작한다. 대학 등록금으로 대표되는 교육비의 상승률은 6~7%로 평균적으로 물가 상승률의 두 배를 웃돌고 있다. 임금상승률과 소득증가율이 물가 상승률도 못 따라가는 현실에서 늘어나는 교육비 증가세를 따라잡기 어렵다.

누구나 노후준비의 필요성을 느낀다. 노후준비를 위한 가처분 소득을 마련하기 위해 돌아보면 너무나 빠듯한 것이 현실이다. 이런 것들은 사실 개인의 노력만으로 극복하기 어렵다. 그렇다고 국가나 사회가 해결하기를 기다리기에는 너무 요원하다. 국가와 사회가 고령화 사회에 맞추어 어느 정도 제도가 정비되기까지는 결국 노후준비의 부담은 고스란히 개인의 몫이다. 사람들은 실질소득이 줄어든 만큼, 더욱 철저한 지출통제를 통해서 무분별한 소비지출을 줄여야 한다. 주택마련자금과 교육자금이라는 2대 필수자금의 준비도 피할 수 없다. 그러나 이것 때문에 먹고 살 노후자금의 준비를 포기해서는 안 된다.

06. 간단한 은퇴준비의 방법

노령인구가 급속하게 증가하나 노인 지위에 걸맞은 역할을 수행하기 위한 대비책은 전혀 아주 적어 사회문제가 된다. 무료함을 달래기 위해 방황하는 노인들이 점점 증가하고 있다. 얼마 전에 한 은행 명퇴자가 직장을 구하다가 좌절하여 자살했다. 노령화시대를 대비하지 못하여 사회의 그늘은 점점 커진다. 문제를 해결하려는 제도적 접근이 시급하지만, 우선 개인적으로 자신의 노후 지위와 역할

▮ 연령별 노후준비수준 ▮

(전 국민 노후준비수준)

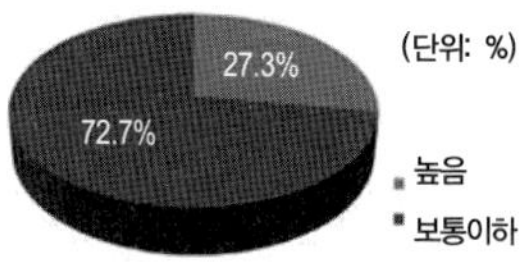

*3,070명 대상 〈'12. 노후준비지표 실태조사〉

(연령별 노후준비수준)

(단위 : %)

준비수준	안함	별로 안함	어느 정도	충분
▣ 전체 ▣	9.9	45.9	42.0	2.1
베이비붐 이전 (55~66세)	12.9	47.9	37.1	2.1
베이비붐 세대 (49~57세)	6.7	47.0	44.1	2.2
베이비붐 이후 (40~48세)	11.3	43.5	43.2	2.0

*1,086명 대상 〈'11. 저출산·고령화 국민인식조사〉

에 대하여 뚜렷한 비전을 확립하고 준비해야 한다. 그래야 자식이나 주위에 짐이 되지 않고 떳떳하게 후반부 인생을 산다.

후반부 인생을 효과적으로 관리하기 위해서는 중요한 전제 조건이 있다. 오래 전부터 은퇴 방향을 정하고 그에 대하여 준비한다. 은퇴 후에 어떻게 해보겠다는 생각은 재앙을 불러온다. 구미 선진국에서는 20여 년 전부터 이미 인간의 기대수명이 빠른 속도로 늘어날 것을 예상했다. 그래서 은퇴자들이 후반부 인생을 보람 있게 보내기 위해 비영리기관으로 자리를 옮겨 자원봉사자로 일하도록 유도하는 등 세심하게 준비했다. 한국사회에서는 그 같은 일이 잘 일어나지 않고 있다. 봉사활동은 젊어서부터 적어도 수년 이상 자원봉사의 경험을 쌓아야 은퇴 후에 바로 수행할 수 있다. 마음만 먹는다고 되는 일이 아니다. 비로소 인생 100세 장수시대에 접어들었다. 누구든지 인생 후반부 30~40년 이상을 가치 있게 보낼 수 있는 대비책을 세워야 한다[2].

❀ 첫째, 평생학습 프로그램을 통해 제2의 다른 경력을 쌓는다.

제2의 다른 경력은 한 종류의 조직에서 다른 조직으로 옮겨가는 것이다. 미국의 경우 60세가 넘어 은퇴연금을 받는 중견 최고경영자 중 상당수가 병원 혹은 대학 등 비영리기관으로 자리를 옮겨 과거 조직에서 했던 같은 종류의 일로 봉사한다. 예를 들면, 대기업 인력관리 책임자로 일하던 사람이 중소기업으로 이동하여 최소한의 임금만 받으면서 중소기업의 인력관리시스템 발전에 기여한다.

❀ 둘째, 전혀 다른 종류의 직무로 이동한다.

2012년 1년 동안 도시의 퇴직자들이 제2의 인생을 시작하기 위해 귀농을 한 경우가 1만 건이 넘었다. 미국에서 사회적으로 성공한 50세 이상의 중년 여성들 중 상당수가 뒤늦게 법과대학에 입학했다. 그 이유는 자신이 사는 마을에서 무료 법률서비스를 제공하면서 인생 후반부를 살기 위해서다.

❀ 셋째, 병행경력을 쌓는다.

인생의 첫 번째 직업에서 높은 성공을 거둔 사람들은 늦은 나이까지 그 직무에 장기간 종사한다. 선진국에서는 변호사, 의사, 세무사 및 공인회계사 등 전문직 종사자들이 현업에서 물러나 관련 분야의 교육, 상담과 같은 일로 봉사하는 것을 미덕으로 여긴다. 일생동안 직업인으로 성공한 사람들은 노년기에 사회사업가로 진출할 수 있다. 예를 들어, 중견기업가, 의사, 컨설턴트, 대학 교수로 성공한 사람들

2 충청일보(2012.4.2.)

은 그들의 경력을 활용하여 많은 노인들이 사회봉사에 참여하는 기회를 만든다.

국내 어느 도시에서나 방황하는 노인들은 점점 증가한다. 이것을 방치한다면 사회적으로 큰 부담이 될 수 있다. 노인들을 어느 한 건물에 모이기 위한 노인정 건축과 같은 집단화전략은 한계가 있다. 우선, 노인들 스스로가 자신의 지위역할을 찾아 여생을 보람 있게 보내도록 사전계획을 세우고 능력을 개발해야 한다. 정치권은 국회의원 숫자 늘리는데 집중할 것이 아니라, 사회적인 건강을 유지하기 위한 제도 마련에 앞장서야 한다.

07. 인생 후반부 10년 가이드

인생 100세 시대가 다가오면서 '정년퇴직'이라는 단어가 직장생활에서의 큰 부담으로 다가온다. 60세에 정년퇴직을 가정해도 30~40년의 긴 노후를 보내야 한다. 이렇게 부담스러운 퇴직을 인생 2막의 새로운 출발점으로 바꿀 수는 없을까?

많은 직장인들은 행복한 이모작 인생을 위해서 무엇을 어떻게 준비해야 할지 고민한다. 고민을 하고 있는 사람들이 반드시 기억해야 할 퇴직 준비원칙이 있다. 적어도 10년 전부터 충분한 시간을 갖고 퇴직을 준비해야 한다. 퇴직 10년과 5년 전, 1년 전 3단계로 퇴직 준비전략을 소개한다[3].

퇴직 10년 전후, 장기적 안목에서 지금 할 일 점검하고 실천하자

✽ 첫째, 노후자금의 준비 현황을 살펴보고 다시 설계한다.

정년퇴직 10년을 앞두고 가장 먼저 점검할 사항은 노후자금의 준비현황이다. 자신이 원하는 은퇴 생활에 필요한 자금이 얼마인지 파악하고, 현재 준비하고 있는 노후 자금과 비교해 부족한 부분을 마련한다. 이때 중요한 것은 목돈 마련보다 노후에 정기적으로 수입을 얻을 수 있는 소득원을 확보하는 것이다. 만일 목표 노후자금을 채울 수 없는 상황이라면, 소비를 줄여서 퇴직연금이나 개인연금 납입액을 더 늘려나간다. 노후자금의 준비 현황을 1년에 한 번씩 정기적으로 점검한다.

✽ 둘째, 지금의 건강관리가 행복한 노후를 좌우한다.

건강은 경제적인 문제 못지않게 아주 중요하다. 우리나라 40~50대들은 바쁜 일상에 쫓겨 건강을 소홀히 하는 경우가 많다. 건강한 노후를 보내고 싶다면, 40~50대부터 자신만의 건강관리

3 한국경제매거진(2013.5.24.)

습관을 만들어야 한다. 스스로 금연, 절주, 규칙적인 운동을 통해 더욱 건강한 몸을 만드는 것이 필요하다.

❀ 셋째, 정년퇴직 후에도 일할 수 있는 전문성을 키운다.

퇴직 후에 계속 일하기를 원한다면, 자신의 전문성을 키워야 한다. 지금 하는 업무를 더욱 발전시키거나, 새로운 관심 분야를 정해 지금부터 준비한다. 향후 10년간 관련 기술을 익히거나 필요한 자격증을 취득하면, 퇴직 후 자신만의 경쟁력을 가지고 계속 일하는 기회가 생긴다.

❀ 넷째, 자기에게 맞는 취미·여가·봉사활동 단체를 찾는다.

나이가 들면 새로운 일에 도전하는 것이 두렵다. 하지만 미리 다양한 체험을 해본다면 노후 생활에 더 쉽게 적응한다. 이러한 활동은 퇴직 이후 인적 네트워크를 만들어 나가는 데에도 도움이 된다.

❀ 다섯째, 배우자와 은퇴 생활에 대해 구체적인 대화를 나눈다.

대화내용들은 '주로 노후에 어디에서 살고 어떻게 시간을 보낼 것인지, 남편 사망 후 부인 홀로 지내는 시기에 경제적 문제는 어떻게 해결할 것인지' 등이다. 노후 생활과 관련한 이슈에 대해 사전에 충분한 대화를 나누면, 은퇴준비에 많은 도움이 된다.

퇴직 5년 전후, 좋은 습관 만들고 퇴직 준비 계획 구체화하자

❀ 첫째, 지금의 신분보다 낮아지는 연습을 한다.

퇴직 5년 전에는 행복한 노후를 위해 좋은 습관을 만들고 구체적으로 계획을 설정한다. 퇴직 5년 전이면 많은 사람들이 회사에서 최고참인 부서장급으로 일하게 된다.

✻ 둘째, 소비를 줄이는 습관을 길러 나간다.

퇴직 5년 전·후는 일생을 통틀어 가장 높은 소득을 올리는 시기이다. 하지만 어느 날 퇴직을 하게 되면 사회적 지위가 사라지고 수입도 급격히 줄어든다. 따라서 지금부터 현재의 신분보다 낮아지는 연습과 함께 소비를 줄이는 습관을 길어야 한다.

✻ 셋째, 제2직업을 위한 본격적인 준비를 시작한다.

자신의 전문 분야와 연계해 앞으로 어떤 일을 할 수 있을지 구체적으로 생각한다. 취업센터를 통해 현재 고령자 취업이 어떻게 이뤄지고 있는지 틈틈이 정보를 수집한다. 지금까지의 경력을 점검하고 이력서를 작성하면 좋다. 자영업을 고려한다면, 주말을 이용하여 점포위치나 관련 업종의 추세를 알아보고 잘되는 회사의 성공요인을 분석한다. 기회가 되면, 장차 일하게 될 분야에서 이미 성공한 사람들의 노하우를 직접 들어본다.

✻ 넷째, 일 이외의 새로운 인적 네트워크를 만든다.

퇴직과 함께 회사를 기반으로 한 인적 네트워크가 갑자기 단절된다. 이것을 예방하기 위해 새로운 인적 네트워크를 만들어야 한다. 취미·여가·봉사활동 등은 일로 맺어진 네트워크가 사라진 빈자리를 채울 수 있다. 같은 분야에 관심을 가진 사람끼리 모이면, 분위기도 좋고 대화도 잘 된다. 자신의 성향에 맞는 모임과 단체에서 적극적으로 활동하면서 새로운 인적 네트워크의 거점을 형성한다.

퇴직 1년 전후, 본격적으로 준비한다

✽ 첫째, 육체적 건강과 더불어 정신적 건강도 챙긴다.

많은 사람들이 퇴직 후 급격한 환경 변화에 적응하지 못해 우울증으로 고생한다. 우선 그동안 고생한 자신에게 충분한 위로와 격려를 건네는 시간을 갖는다. 그 다음에 퇴직과 함께 찾아오는 변화에 유연하게 대응하도록 미리 마음을 준비한다.

✽ 둘째, 가계의 재무제표를 확인하고 현금흐름을 충분히 확보한다.

퇴직을 하면 정기적으로 들어오던 월급이 없어 매월 필요한 노후생활비를 어떻게 조달할 지 생각한다. 현재의 가계자산과 부채, 순자산, 현금흐름이 한눈에 파악되도록 종이 한 장에 정리한다.

✽ 셋째, 퇴직 준비 1년 계획을 세워 하나씩 정리한다.

직장에서 유종의 미를 거두기 위해서는 좋은 인수인계가 요구된다. 오랜 직장생활을 정리하기 위한 자신의 점검표를 만들어 활용하고, 퇴직 전 1년 계획을 세워 정리한다.

✽ 넷째, 퇴직 직후 할 일과 하루 시간표를 작성한다.

퇴직 후 재취업할 때까지 일정한 생활 패턴을 유지한다. 퇴직 직후 곧장 할 일과 하루 일과표를 만들어 계획적인 생활을 하도록 준비한다.

✽ 다섯째, 사전에 은퇴 생활과 관련한 각종 제도나 혜택을 숙지한다.

은퇴와 관련된 제도나 혜택을 미리 공부하면 퇴직 후 많은 도움이 된다. 현재 각자 처한 상황과 은퇴 후 원하는 삶의 방향이 다를 수도 있다. 미리 준비하는 사람은 더욱 행복한 노후를 맞이한다. 각 단계별 점검 항목을 자신의 생활방식에 맞게 조정하여 퇴직 준비계획을 세우는 것이 무척 소중하다.

▌은퇴대비 10년 전부터 준비사항▐

퇴직 시기	사전 준비 및 안내사항
10년 전·후 (장기 안목)	• 노후자금의 현황파악과 다시 설계 • 건강관리 습관배양, 일정분야 전문성의 함양 • 취미, 여가, 봉사단체 활동에 참여
5년 전·후 (준비단계)	• 현재 신분보다 겸손한 연습, 소비억제 습관 • 제2직업의 본격적인 준비 • 새로운 인적네트워크의 형성
1년 전·후 (본격단계)	• 정신건강의 관리, 퇴직 전 1년계획의 수립 • 가계재무재표와 현금흐름의 파악 • 퇴직 후 일과 1일 시간표의 작성 • 은퇴관련 제반제도 및 혜택의 숙지

08. 은퇴·노후 준비는 지금(현재) 시작한다

장수 100세 시대에 노후를 대비하지 않으면 인생 후반부를 비참하게 산다고 말한다. 인생 이모작을 미리 준비해야 한다고 강조한다. 오늘날 시대상황과 주변 환경은 크게 변모하여 평생 직업과 직장 시대도 사라지고 있다. 어떤 사람은 퇴직 후의 일을 준비하느라 정작 현재 일에 소홀하다. 현재에 게으른 사람은 미래를 준비하지 못하며 답답한 생활을 지속한다. 영어수업 시간에 수학을 공부하는 학생은 좋은 성적을 얻기 힘들다. 몸이 있는 장소에 정신이 함께하는 것이 현재를 사는 최고의 방법이다.

사람들이 알고 있는 톨스토이의 세 가지 질문이 있다. ① 인생에서 가장 소중한 순간은 언제인가? ② 인생에서 가장 소중한 사람은 누구인가? ③ 인생에서 가장 소중한 일은 무엇인가? 이다. 톨스토이가 질문에 대답했다. "인생에서 가장 소중한 순간은 지금이며, 가장 소중한 사람은 지금 자기 옆에 있는 사람이고, 가장 소중한 일은 지금 자기 옆에 있는 사람을 기쁘게 해주는 것이다". 인생에서 가장 소중한 일은 지금 현재하는 일을 충실하게 하고 지금 만나는 사람과 좋은 관계를 맺는 것이다. 올바른 생활태도는 몸과 마음이 온전히 현재에 머무르게 하는 것이다. 미래를 준비한다는 구실로 지금의 일에 충실하지 못하고 현재 만나는 사람과의 관계를 등한시 하면 현명하지 못하다. 현재 하는 일에 집중할 때에 기적이 생기며 행위의 결과가 축적된다.

미국 하버드대학의 탈벤 사하르 교수는 저서 '해피어'(happier)에서 현재를 살아가는 4가지 유형의 사람(허무주의자, 쾌락주의자, 성취주의자, 행복주의자)을 소개했다. 허무주의자와 쾌락주의자는 올바른 삶의 태도가 아니다. 성취주의자는 오직 미래만 바라보면서 현재의 모든 행복을 포기하고 뒤로 미루므로 불행하다. 행복은 산의 정상을 향해

올라가는 과정이다. 사하르 교수는 현재와 미래가 모두 행복한 '행복주의자'가 되어야 한다고 주장한다. 여기에서 과거, 현재, 미래는 무슨 관계가 있는 지 살펴야 한다. 현재라고 말하는 순간 이미 과거가 되므로 현재가 없다. 미국의 철학자 켄 웰버는 쉽게 설명했다. 과거는 사람의 기억 속에서 존재하고, 미래는 현재 사람의 기대 속에서 존재한다. 따라서 과거, 현재, 미래는 이 순간(현재)에 모두 통합되어 모든 시간은 사실상 현재이다. 현재는 영원한 시간이며, 사람들이 사용할 수 있는 시간은 오직 '현재'이다. 현재를 충실하게 살아가는 것이 영원히 사는 것이다. 카네기는 "미래에 대해 불안해하는 일의 95%는 실제로 발생하지 않는다."고 말했다. 노후·은퇴에 대비하여 수동적으로 기다릴게 아니라 행복한 미래를 만들기 위하여 바로 '지금' 부터 시작하는 것이 가장 중요하며 현명한 행동이다.

제3부

인생 후반부를 위한 좋은 방향

늙음이란 절망의 이유가 아니라 희망의 근거이며, 천천히 쇠락하는 것이 아니라 점진적으로 성숙하는 것이며, 견디어 낼 운명이 아니라 기꺼이 받아들일 기회이다.

- 헨리 나우웬, 월터 개프니

01. 은퇴는 휴식 고정관념 버리기

인생에서 끝이 좋으면 다 좋게 보인다. 은퇴설계는 삶의 후반부를 다룬다. 은퇴설계의 성공 여부에 따라 삶의 성적표가 결정되는 것이다. 이렇게 중요한 은퇴설계를 놓고 대부분 주먹구구식으로 대응을 하는 것은 바람직하지 못하다.

은퇴설계는 단순히 은퇴자금을 계산하는 것에 국한되지 않는다. 재무 설계의 지향점은 한 개인이나 가족이 원하는 삶을 살아가는 데 필요한 돈을 다루는 것이다.[1] 은퇴설계는 삶의 후반부를 어떻게 설계할 것인가를 먼저 결정한 다음에 돈 문제를 다룬다. 원하는 삶의 모습이 다양한 만큼 은퇴설계도 다양한 방식으로 이루어진다. 개인의 삶이 고려되지 않은 은퇴설계는 다양성이 떨어지고 '은퇴자금'이란 돈의 문제에 매몰되기 쉽다.

은퇴의 보편적인 연령 기준은 65세

사람들은 관행대로 일을 결정하고 처리하는 데 익숙하다. 그중 하나가 은퇴시기에 대한 예측과 결정이다. 사람마다 현재 상황과 은퇴생활에 대한 희망이 다르므로, 은퇴의 예상시기도 역시 다르다. 막

1 한국경제(2011.4.26.)

상 본인의 은퇴시기를 구체적으로 예상하고 그에 맞춰 은퇴생활을 준비하는 사람은 드물다.

그 대신 사회에서 통념적인 은퇴시기를 별 저항 없이 받아드린다. 은퇴 시기의 가장 대표적인 지표는 공적연금 지급 시기이며, 한국의 국민연금 지급 시기는 60세다. 하지만 출생연도에 따라 지급 시기가 조금씩 조정되어 1969년생 이후 출생한 가입자부터는 65세부터 연금을 수령 받는다. 65세는 은퇴설계와 관련한 논의를 할 때 가장 빈번하게 등장하는 연령이다. 고령화 사회의 정도를 측정하는 노인 인구가 되는 기준 나이가 65세이다. 미국을 포함한 상당수 국가들의 공적연금 지급 시점도 65세이다.

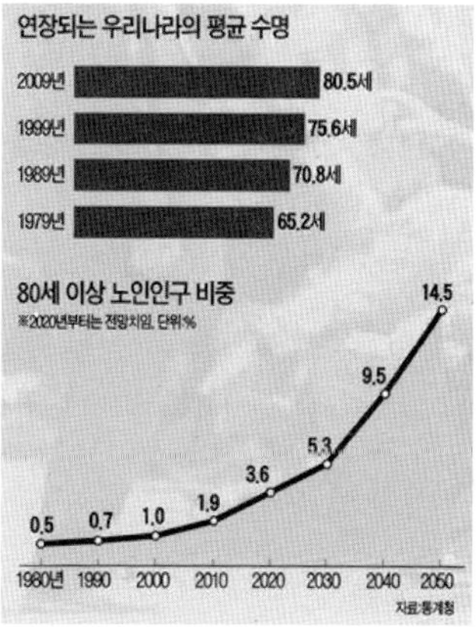

그렇다면 왜 65세가 대부분 국가의 공적연금 지급 시기가 됐을까? 공적연금의 65세 나이는 독일에서 유래한다. 철혈재상인 비스마르크는 독일통합 직후 영국보다 뒤처진 독일의 산업을 활성화하기 위해 다양한 정책을 실시했다. 그중 하나가 근로자들을 위한 산업재해에 대한 보상 및 연금정책이다. 국가를 위해서 최선을 다하여 일하다 죽거나 다치면 국가에서 보상을 해주겠다는 의미였다.

나이가 들어 더 이상 일할 수 없을 땐 국가에서 책임질 테니 열심히 일하라는 뜻도 있었다. '언제까지 일하면 국가에서 노후를 책임질 것이냐'는 질문에 비스마르크는 '65세'라고 대답했다. 당시 유럽 남성의 평균 수명이 40대 중반이었다. 이점을 고려할 때, 대부분의 사람들이 연금을 받기 전에 사망했다. 당시 독일정부는 지금처럼 연금 지급으로 인한 적자 재정에 대해 고민할 필요가 없었다.

평균 수명 10년마다 5년씩 연장

세계적으로 공적연금의 평균 수명이 연장되어 점차 고갈되고 있다. 통계청에 따르면 우리나라 사람들의 평균수명은 1979년 65.2세에서 1989년 70.8세, 1999년 75.6세, 2009년에는 80.5세로 크게 늘어났다. 10년 단위로 평균 수명이 약 5년씩 증가하였다. 2026년이면 65세 이상 인구가 전체의 20%를 차지하는 초고령 사회로 진입할 전망이다.

고령화로 인한 인구구조의 변화는 투자 방식에 영향을 미친다. 1970년대 한국 경제의 주역은 은퇴를 앞두고 있는 '베이비부머' 세대였다. 이들이 젊고 경제가 성장할 때는 금리가 높았고 부동산 투자를 통해 노후준비가 가능했다. 고도 성장기에는 높은 수익을 올릴 수 있는 투자 대상이 많았다. 그러나 노인 인구가 늘면 성숙 사회로 접어들게 된다. 투자자의 대부분을 차지하는 노인들은 더 이상 일정한 수입이 없다. 보유한 돈을 유지하려고 안정적인 투자를 선호한다.

월 200만원 받으려면 8억 9000만원 필요

수명 연장과 예상 투자수익률의 변화에 따라 은퇴자금들이 어떻게 바뀌는지 알아볼 필요가 있다. 예를 들어 40세 남성이 65세에 은퇴하고 80세까지 현재 가치로 월 200만원의 은퇴자금을 필요로

한다고 가정한다. 물가상승률을 연 4% 정도로 잡으면 65세에 8억 9,000만원의 자금을 준비해야 한다. 80세까지 세후수익률 연 5%로 운영할 때 현재 가치로 월 200만원의 생활이 가능하나, 단 80세에 남는 돈은 '제로'가 된다.

만약 80세보다 오래 살면 더 많은 은퇴자금이 필요하다. 다른 조건이 동일하다고 가정하고 95세까지 산다면 65세 시점에 준비해야 자금은 두 배에 가까운 16억 7,000만원이다. 이 돈을 25년간 매년 복리 5%의 세후 투자수익률로 준비하려면 매달 300만원씩 저축해야 한다. 현재 가치로 매달 200만원의 생활비를 준비하기 위해 월 300만원씩 투자할 수 있는 사람은 극히 적다.

'은퇴' 고정관념 버려야… 계속 일 필요

현실적으로 넉넉한 은퇴자금을 준비하기 어렵다면, 은퇴설계에 대한 고정관념을 바꿔야 한다. '은퇴'는 '직임에서 물러나거나 사회 활동에서 손을 떼고 한가히 지냄'을 뜻한다. 영어 'retire'는 '타이어를 갈다(re-tire)'란 뜻이다. 쉬는 것보다 '새로운 길을 달리기 위한 준비'로 해석한다.

이제는 은퇴시기에 대한 환상을 버리는 것이 좋다. 65세는 더 이상 노인이 아니며 은퇴 예상시점이 될 수 없다. 대신 65세 연령은 좀 더 적게 벌더라도 생활이 가능할 수 있도록 보조금을 지급받는 기준 연령이 된다. 은퇴설계는 단순히 노후자금을 준비하는 차원을 넘어선다. 돈보다 먼저 삶의 방향을 얘기하는 은퇴설계가 무척 중요하다.

02. 은퇴자의 위험요소

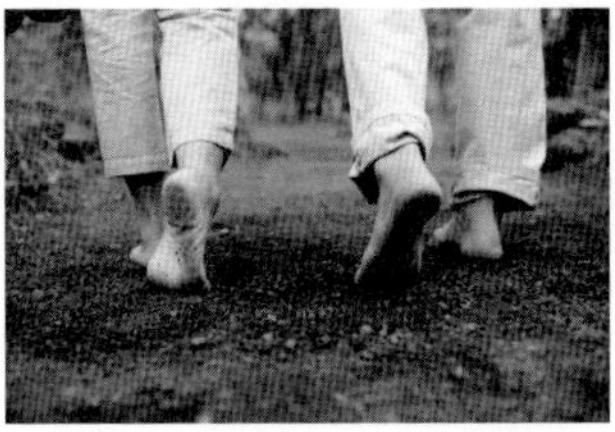

인생의 후반기에 있는 은퇴자와 중년층은 수명위험 이외에도 노후에 재정적 안정을 흔드는 위험요소에 노출되어 있다. 인생 후반전에 맞이할 수 있는 황혼이혼, 질병, 창업, 실패, 사기는 은퇴 이후 누구나 부딪칠 수 있는 실패경험들이다. 이러한 위험 요소들은 은퇴자를 낙담시키고 경제적으로 커다란 피해를 준다. 실제로 인생 후반에 있게 되는 위험요소들은 은퇴자에게 닥칠 가능성이 생각보다 크다. 최근 자영업자의 폐업, 황혼이혼의 증가, 중증질병의 의료비 부담이 사회적인 관심을 끌고 있다. 이러한 상황에서 인생 후반전에 위험요소가 발생할 가능성이 많고, 이로 인한 경제적 여파가 생각보다 크다. 은퇴자들은 인생 후반 위험요소에 적절히 대비하여 개인적인 불행을 막고 노후 은퇴파산을 사전에 방지해야 한다.

인생 후반기의 위협요소들은 어느 날 갑자기 찾아온다. 은퇴자들은 항상 수명위험과 인생후반 위험요소에 노출되어 있다. 수명위험은 은퇴자의 수명이 짧아 노후생활을 경험하지 못하는 거나, 수명이 너무 길어 사망 전에 준비한 은퇴자산을 모두 사용하는 경우이다.

인생후반 위험요소들은 주로 부부 및 자녀관계, 건강, 경제활동과 연관되어 은퇴자들이 겪는 실패한 경험들이다.

특히 투자위험은 경제적 손실을 만회할 방법과 시간이 부족한 은퇴자들에게 커다란 타격을 준다. "자영업에 뛰어들었다가 1년 만에 투자자금만 날려 가족들 보기가 미안하다", "이자가 일주일에 몇 만원씩 붙는다고 해서 돈을 맡겼는데 그 사람이 사라졌다니 날벼락이 따로 없다", "내 건강만큼은 자신했는데 암이라고 하니 하늘이 무너지는 것 같다", "무던한 사람이라고만 여겼는데 갑자기 이혼하자고 하니 어찌할지 모르겠다", "알아서 주면 모를까 자식에게 생활비를 내라고 하기도 그렇고, 좀 부담이 되긴 한다." 이런 말들은 인생에서 각종 위험요소를 경험한 은퇴자들이 말하는 아쉬움들이다.

은퇴창업 위험

은퇴창업 위험은 노후 생활비를 마련하기 위해 창업에 뛰어들었다가 실패하는 것이다. 2011년에 국내 자영업자 중 50대 이상이 자치하는 비중이 전체 571만 8,000명의 절반을 넘었다. 50대가 차지하는 비중은 30.5%나 되며, 60대 이상은 24.0%로 나타났다. 은퇴 이후 재취업의 어려움을 겪은 베이비붐 세대들이 상대적으로 진입장벽이 낮은 자영업에게 몰린다. 하지만 자영업의 성공 확률이 높지 않다. 최근 통계자료에 따르면 자영업 창업 후 3년 내 휴·폐업할 확률이 무려 46.9%로 높다. 소상공인진흥원 자료에 따르면 평균창업비용을 모두 잃을 경우 평균 6,570만원의 손실을 입는다.

그렇다면 인생 후반 위험요소는 노후의 재정상황에 어떤 영향을 줄까? 은퇴자산 2억5,000만원을 55세부터 매년 초 1,000만원씩 인출하고 다음 해부터 물가상승률(3%)만큼 조정하여 인출 금액을 늘린다고 가정한다. 나머지 생활비는 국민연금이나 소일거리를 통해 보충한다. 이 경우에 인생 후반 위험요소를 겪지 않으면 88세에 은퇴자산이 고갈된다. 그러나 인생후반 위험요소를 겪으면 은퇴자산의 소진시점이 77~85세로 앞당겨진다. 특히 인생 후반에 위험요소가 2가지 이상 겹치는 경우 경제적 파장은 더욱 크다.

예를 들어, 창업에 실패한 이후 금융사기까지 겹치면 은퇴자산은 75세에 모두 없어진다. 자녀와 동거하다 60세쯤 자녀를 결혼시키고 이듬해 황혼이혼까지 겹친다고 가정하면 은퇴자산의 고갈 시기는 3년이나 앞당겨져 72세에 은퇴파산을 당한다. 은퇴파산은 은퇴자 사망 이전에 은퇴자산이 모두 고갈되는 것이다. 노후재정의 안녕을 위협하는 인생 후반 위험요소에 대해 적극적으로 대처해야 한다. 이를 위해서 각 위험요소의 특성에 따라 적절한 대응방법을 마련한다. 은퇴창업 위험요소의 경우에 노후생활비 마련이 목적이라면 창업보다는 먼저 다시 취업해야 한다. 창업이 반드시 필요하다면 적어도 1년 이상 철저히 준비해서 실패할 가능성을 최소화시킨다.

금융사기 위험

금융사기 위험요소는 50대 이상 중·고령자들이 금융사기를 당할 위험을 말한다. 한국투자자보호재단에 따르면 50대 이상 100명

중 5명 정도가 금융사기 피해경험이 있는 것으로 나타났다. 이때 피해액은 7,000만~8,000만원으로 규모가 작지 않다. 금융사기를 예방하려면, 무조건 믿는 것보다 투자하기 전에 한번쯤 의심해보는 습관이 좋다. 투자위험은 적은데 고수익을 보장할 경우에는 금융사기로 의심해 본다. 금융 투자지식을 쌓고 단기간에 큰 돈을 벌겠다는 조급한 마음도 관리한다.

중대질병 위험

중대질병은 암·심혈관·뇌혈관 질환 등의 3대 중증질병이나 고령기에 치매를 앓게 될 위험요인이다. 암등록 통계 및 연세대학교 연구자료 등을 종합해본 결과, 50세 남성이 앞으로 3대 중증질병에 걸릴 확률은 45.4%나 된다. 연간 의료비 부담은 질병과 연령대에 따라 200만원에서 1,400만원까지 다양(간병비 예상액 포함)하다.

중대질병은 보험으로 대비하는 것이 가장 좋다. 50대 성인 남성은 앞으로 3대 중대질병에 시달릴 가능성이 매우 크다. 그런데 가족 구성원인 부부 가운데 한명 이상이 중대질병을 앓게 될 가능성은 더욱 커진다. 따라서 3대 중대질병과 관련된 보험에 가입돼 있는지 확인해 보고, 이에 따른 혜택을 미리 알아두는 것이 좋다.

황혼이혼 위험

황혼이혼도 인생 후반부에 중대한 위험요소다. 50세 남성이 앞으로 황혼이혼을 겪게 될 가능성은 2.4%에 불과하다. 그러나 이혼으로 재산분할을 하면, 각자의 노후 재정상황이 크게 악화된다. 경제적인 측면을 따진다면 황혼이혼은 피하는 게 좋다. 경제적인 측면은 물론 다양한 요인을 고려하더라도 황혼이혼은 아주 신중히 생각하여 결정해야 한다.

성인자녀 위험

50~60대 가구 가운데 학업 중이지 않는 성인 미혼자녀와 동거하는 비중이 28.6%이다. 이 부모들은 자녀결혼 때까지 성인자녀의 생활비 월 90만원과 결혼비용 약 4,600만원을 지원한다. 이러한 부담이 노후에 부모의 재정상황을 악화시킨다. 자녀가 출가할 때까지 도와준다고 생각하면, 자녀의 생활비와 결혼비용을 은퇴설계에 포함시켜 철저히 은퇴자산을 마련해야 한다.

03. 후반부 인생의 유형들

한국사회에서 인생 후반부의 이모작 인생 또는 은퇴이후 삶은 중요한 관심과 대화의 대상이다. 연일 방송매체, 신문보도와 광고 등에 은퇴의 중요성이 조명되며, 후반부 인생에 대한 관심을 불러일으켰다. 고령화 사회로 진입하면서 인생 후반부에 건강하고 행복한 삶을 위해 창업, 취업, 건강, 여가활용 및 봉사활동을 준비하는 일은 상식처럼 되었다. 교육방송에서는 인생 후반전에 성공한 사람들의 사례를 방송하여 많은 관심을 끌었다. 한국이 고령화 사회로 진입하는 속도는 OECD 국가 중에서도 제1위이다. 이미 전체인구의 11.3%가 65세 이상이고, 2018년에 노령인구의 비중이 14.4%를 넘어설 것이다. 인생 이모작은 고령화 사회의 도래와 더불어 필수이며 희망의 조건이다.

최근 한 조사기관이 이상적인 노후생활을 조사하며, 인생 후반부의 롤모델을 질문했다. 응답자의 38.8%가 1위로 선정한 이해욱 KT 전 대표는 공직에서 은퇴한 뒤 배우자와 함께 전 세계를 여행했다. 2위는 정년 없이 일하는 배우 이순재였다. 그는 은퇴 없는 삶을 원하는 응답자들의 바람을 실감나게 만들었다. 은퇴와 노후에 대한 생활은 은퇴 직전의 베이비부머 세대는 물론 현시대 청장년층의 한결 같은 고민이다. 사회는 빠르게 변화하며 미래는 생각보다 가까이 있다. 오늘날 은퇴에 대한 관심이 많아지면서 착실히 준비하며 인생 후반전을 성공적으로 사는 사람들이 증가하고 있다.

은퇴설계는 먼 훗날을 위해 새로운 세상을 예측하고 진정한 행복을 추구하기 위해서 가장 중요한 일이다. 이제 인생 후반부에 행복하고 만족스러운 삶을 위해 은퇴방법을 4가지 유형으로 설명한다. 사람마다 은퇴 후 삶의 모습들은 다양하지만, 그 방향성과 목적은 자유와 만족이라는 공통점을 갖고 있다.

보헤미안형 - 발길 닿은 대로 자유여행 떠나는 형태

여행은 인생의 최대정점을 지나 내리막으로 여겨지는 은퇴를 가장 아름답게 보내는 전통적인 방법이다. 자녀들이 보내주는 관광 대신 자기만의 자유를 찾아 떠나는 여행은 국내외를 막론하고 많은 은퇴자들의 '워너비'로 꼽힌다. 사회생활을 하는 동안 여행을 다니는 것은 사실상 힘들다. 그래서 은퇴자들은 퇴직 후에 자유스럽게 그동안 못 나눴던 가족 간 정을 엮고자 여행을 떠난다.

이해욱 전 KT 대표는 이런 보헤미안 형에 가장 잘 어울리는 은퇴자이다. 그는 1996년 퇴직 후에 2개월 동안 아내와 약속한 배낭여행을 떠났다. 은퇴 후에 몇 가지 직함을 가졌지만 더 이상 자리에 미련도 없었다. 그는 권력과 돈을 가졌다고 그 삶이 행복을 보장한다고 생각하지 않았다. '인생의 전반부에서 성공, 가족의 행복 등의 가치를 나름대로 잘 지켰다면, 제2의 인생 후반부에서 온전히 자기를 위해 열정을 바치는 시간도 좋다'고 생각했다. 그는 은퇴 후에 '여행가'라는 직함을 가졌다. 마침내 2010년 10월 한국인 최초로 전 세계 독립국가 192개국을 여행한 사람이 되었다.

'어느 은퇴부부의 해외 여행기', '은퇴 후 떠나는 배낭여행'은 보헤미안의 삶을 그린 서적들이다. 이 책들은 은퇴 후 제로상태에서 여행을 떠나 다른 삶을 즐길 수 있는 방법들을 소개한다. 한두 번쯤 자녀들의 요구로 혹은 직장일로 해외여행을 떠난 본 사람들은 있다. 그러나 처음부터 스스로 계획하여 의미 있는 여행을 다녀온 어머니, 아버지들은 무척 드물다. 인생의 후반부에 혼자서 혹은 부부가 함께 여행에 필요한 준비를 하고 여유롭게 여행하면서 아름다운 노년을 보내는 것도 훌륭하다.

네버엔딩형 - 은퇴 없는 삶을 꿈꾸는 형태

은퇴는 직장 및 사회생활을 하는 한국의 중년 남녀에게 가장 두려운 단어이다. 대부분의 중년 남성들은 은퇴 후 어떠한 삶을 살지 심각하게 고민한다. 하지만 어떠한 은퇴설계보다 중요한 계획은 일을 계속하는 것이다. 모두가 은퇴 후의 삶을 걱정할 때, 끝까지 자기의 열정과 능력을 모두 발휘할 수 있다면 무척 행복하다. 직장에서 점차 정년이 단축되는 현실을 무작정 걱정하는 것은 상책이 아니다. 오히려 은퇴를 새로운 인생의 기회로 삼고 은퇴 후 제2직업을 준비하는 자세와 인생설계가 필요하다.

은퇴 없는 삶을 사는 대표적인 인물이 81세 배우 이순재, 89세 코미디언 송해 등이다. 이순재는 여전히 새벽 5시에 기상하여 준비하고 촬영장으로 출근한다. 모두가 은퇴할 나이에 은퇴는 커녕 제2의 전성기를 구가하는 이순재는 드라마와 영화촬영, 대학 강의, 각종 홍보대사 등 하루에도 10가지 이상의 스케줄을 소화한다. 그가 아무렇지도 않다는 듯 활력이 넘치는 이유는 일에 대한 열정 때문이다. 이순재는 '대사의 암기력에 문제가 생겨 연기실수(NG)가 반복적으로 생기게 되면 은퇴할 시기'라고 말했다. 이 삶의 열정과 태도가 시청자들을 행복하게 만든다.

은퇴 없는 삶을 살기 위한 제일 중요한 요건은 인생에 대한 열정이다. 열정은 "은퇴 없는 삶을 위한 전략", "은퇴 없이 할 수 있는 100가지 일"의 서적에서 강조하는 가장 중요한 요소이다. 몸과 마음의 건강은 물론 사회적, 재정적 안정을 위한 준비사항도 일에 대한 열정이 있기 때문이다. 사람은 20대부터 은퇴 없는 삶을 살기위해서 목적을 두고 노후생활을 준비한다. 노후에도 왕성하게 활동하는 소설가, 요리사, 원예사 등의 시례를 보면 현장감이 드러나고 느끼게 된다. 하고자 하는 열정과 자신감을 가진 은퇴자가 제2의 직업을 찾는 것은 쉽다.

이민형 - 해외에서 색다른 삶을 꿈꾸는 형태

직장에서 퇴직한 뒤에 필리핀, 말레이시아 등 동남아 국가로 이민을 떠나는 은퇴자들이 다수 있다. 은퇴유형은 좀 더 여유롭고 자유스러운 삶을 추구하는 사람들이 선택하는 새로운 유형이다. 과거에는 선진국으로 이민을 떠나는 사람들이 있었다. 요즈음에는 인건비와 물가가 저렴하고 환경이 좋은 동남아 국가들로 이민을 떠나는 사람들이 많다. 은퇴 이민자들은 일정한 돈으로 골프도 즐기며 한국과는 다른 삶을 살고 싶어한다.

"필리핀 장기체류(Long stay)", "은퇴이민 떠나기 전에 꼭 알아야 할 50가지" 등의 책들은 행복하고 여유로운 인생 후반전을 위한 은퇴이민 정보와 현실을 수록하고 있다. 확실한 준비 없이 오히려 노년을 고독하게 보내는 사람들도 있어 철저한 준비와 검토가 요구된다. 특히, "은퇴이민 떠나기 전에 꼭 알아야 할 50가지" 서직은 은퇴 후에 일과 여가활동의 균형을 맞추는 것이 중요하다고 강조한다. 그래서 한국 보다는 은퇴이민 대상국에서 노후생활을 보낼 것을 제안한다. 한국은 은퇴 후에 사회적으로 즐길 수 있는 문화가 제한적이고 비용부담도 크다.

사회봉사형 – 나눔과 나이 듦의 아름다움을 실천하는 형태

나이 들어 무기력하게 보내는 실버시대는 지나가고, 은퇴 후에도 삶을 더욱 가치 있게 보내는 파워시니어시대가 도래했다. 파워시니어는 은퇴 후에도 삶을 더 가치 있게 보내는 사람이다. 그들은 벌어둔 돈을 자녀에게 물려주고 자녀에게 의지하여 노후의 삶을 보내지 않는다. 가치 있는 삶을 향해서 꾸준히 사회봉사활동을 하면서 나눔의 생활을 실천하는 사람들이다.

노년을 두려워하지 않는 사람들은 자신을 소중하게 여기고 가꾸어간다. 누군가에게 봉사와 나눔의 삶을 통해 도움이 되는 생활로 의미 있게 보낸다. 사회봉사 은퇴유형은 사회적인 의미를 찾고 삶에서 보람까지 느끼는 가치추구의 삶의 모습이다.

"가치 있게 나이 드는 법"의 저자 전혜성은 "사람으로써 한 생애를 살아간다면 자신이 하는 아주 사소한 일도 누군가에게 도움이 되는 삶은 거대한 세상의 수레바퀴를 돌리는 원동력이다"라고 강조했다. 과거의 영예에 연연하지 말고 소박하더라도 쓸모 있게 나이 들어가는 것이 소중하다. '떠나든, 머물든'의 저자 베르나르 올리비애는 은퇴 후 세계를 돌아다니며 비행청소년에게 재활의 기회를 주는 봉사활동을 통하여 삶의 의미를 되찾았다. 나눔으로 시작되는 삶은 은퇴를 어떻게 받아들이고 가꾸었는지에 따라 달라진다.

| 후반부 인생의 유형 |

유형	특성	관련 서적 정보
보헤미안형	발길 닿은 대로 자유여행 떠나는 형태	• 어느 은퇴부부의 해외 여행기 • 은퇴 후 떠나는 배낭여행
네버엔딩형	은퇴 없는 삶을 꿈꾸는 형태	• 은퇴 없는 삶을 위한 전략 • 은퇴 없이 할 수 있는 100가지 일
이민형	해외에서 색다른 삶을 추구하는 형태	• 필리핀 장기체류(Long stay) • 은퇴이민 떠나기 전에 꼭 알아야 할 50가지
사회봉사형	나눔과 나이 듦의 아름다움을 실천하는 형태	• 가치있게 나이 드는 법 • 떠나든, 머물든

04. 인생 후반부 대비 연령별 성공실패

오늘날 많은 사람들은 이직을 안일하게 생각하여 비슷한 직장만 전전하면서 자신의 경력을 손상시키는 이직을 반복한다. 희망 없는 이직으로 이전 직장과 비슷하거나 그보다 못한 곳을 전전하고 '고액 연봉'과 남 보기에 좋은 '간판'만 쫓아다니다 직장경력을 망치는 것이다. 이직은 왜, 어떻게 해야 하는지 연령대별 이직의 성공과 실패 사례를 통하여 이직의 기술을 살펴보는 것이 중요하다[2].

연령별 성공사례

✽ 30대 경력 쌓고 전문성 높여야

전문성을 추구하는 이들은 직장 내에서 두각을 나타낸다. 한 분야에서 전문성을 키워온 이들 30대는 당연히 헤드헌터 대상 1순위에 있다. K(37) 과장은 2006년 레저 부문의 H기업 문화 마케팅부에 입사하여 2년 후 식품 회사인 L사로 옮겼다. 대리에서 과장으로 직급이 승진되고 연봉도 증가했다. K 과장은 새로 옮기는 회사에서도 문화 마케팅 업무를 하게 되어 이직을 결심했다. 특히 이번에는 단순 문화 마케팅이 아닌 사회 공헌과 접목해 새로운 시도를 해볼 수 있다는 점에 매력을 느꼈다. 여기에 평소 차 문화를 즐기는 K 씨에게 식품회사의 환경은 적성에도 딱 들어맞았다. 이직 후 K 과장은 사회활동과 관련한 공연 준비, 행사 진행까지 모든 과정을 총괄하면서 일을 배웠다. 차와 관련된 수업도 들으며 나름의 전문지식도 쌓아 나갔다

자신이 좋아하는 일을 추구하다 보면 업종도 넘나든다. 레저 업계에서 3년간 근무하던 L(32) 대리는 평소 패션에 관심이 많아 결국 패션회사로 이직했다. L 대리는 직접 업계에 근무하니 패션흐름 혹은 업계동향을 두루 살필 수 있어 재미있었다. L 씨는 종전에 있던 업계가 좁아 마케터로서 꿈을 이루기에 한계를 느꼈다. 지금은 보다

---

2 한경비지니스(2013.11.1.)

넓은 분야에서 좋아하는 일을 하게 되어 고단해도 즐겁게 일하고 있다.

취직 후 5년 차 이하는 이직하기에 가장 적당한 시기이다. 직장에서 이르면 과장, 대기업에서는 보통 대리급으로 가장 많은 일을 한다. 이 시기에는 실무에 가장 능하나, 일반적으로 아직 큰 책임을 맡지는 못한다. 이때는 경제적 조건을 보고 이동하는 것을 주의해야 한다. 특히 더 작은 회사로 이직하는 것이면 현재 회사에서 일을 더 배워야 하는 것은 아닌지 살펴야 한다. 이직 후 더 큰 규모의 일과 책임을 맡아 경력을 쌓는 다면 고려해 볼 수 있다.

✽ 40대 과감한 승부수 걸 때

직장 경력 10년 이상인 40대는 이직이 더욱 어렵다. 40대는 업무 수행능력은 물론 조직관리에도 신경써야 하는 중간 관리자 위치에 있다. 확실한 능력이나 성과 없이 이직했다간 새 조직에서 적응하기 힘들고 임원 승진도 어렵다.

지난해 12월까지 중소기업 부장으로 근무했던 P(42) 씨는 유통 대기업으로 자리를 옮기며 직급도 낮췄다. 이것은 직접적으로 연봉 인상보다는 자신의 스펙을 쌓기 위한 결정이었다. P 씨는 편하게 다닐 수 있는 회사를 그만두고 주위에서 만류했지만 꿋꿋하게 이직했다. 그는 뱀의 머리 대신, 용의 꼬리를 선택했다. 물론 새 회사에서 텃새도 만만치 않아 적응하기 힘들었다. 대기업은 공채 문화가 심하여 승진에서도 누락이 될 만큼 무시하는 경향이었다. 특히 업무 협조가 제대로 안 되어 애를 태웠다. 그러나 묵묵히 자기 임무를 수행하고 성과를 보이며 지금은 임원이 되겠다는 꿈을 키워가고 있다.

P 씨처럼 10년 차 이상이라면 승부를 걸어 볼 시점이다. 10년 차 이상은 차장·부장, 이르면 임원으로 일할 수 있는 중간 관리자·중고참에 속하는 시기이다. 40대는 보통 조직을 맡으며 특별히 자세한 지시를 받지 않고서도 알아서 일을 잘 처리한다. 현재 조직에서 계속 승진할 수 있을지, 이 조직에서 비전이 없고 좀 더 넓은 회사로 이직하여 승부를 걸어야 할지 결정할 시기이다. 이를 판단하기 위해 자기를 끌어줄 사람이 있는지, 조직에서 자신의 입지와 영향력은 어느 정도인지, 자신이 공을 세워 놓은 것은 있는지 등을 잘 생각해야 한다.

✾ 50대 경험 살려 새로운 일 모색

은퇴를 코앞에 둔 50세 이상 직장인이 이직해서 성공하는 일은 드물다. 보통 50대는 대부분 한 직장에서 정년퇴직하거나 계약직으로 몇 년 더 근무하고 은퇴한다. 하지만 꾸준히 경력을 쌓았다면 재취업이 수월할 수 있다.

J(58) 회장은 30여 동안 C사의 계열사 최고경영자(CEO)로 일하며 퇴임 전에 대학후배로부터 연락을 받았다. 후배는 자기가 설립한 투자회사에 회장(전문 경영인)으로 근무해 달라고 제안했다. 그가 이 회사 전문 경영인으로 발탁된 이유는 오랜 시간 회사를 운영하여 경영전문가로 풍부한 실무 경력을 갖췄고 대학 시절에 금융학을 전공했기 때문이다. J 회장은 이렇게 제2의 인생을 다시 시작했다. 그전 회사는 정보기술(IT) 업계였고 새로 부임한 회사는 금융 투자사였다.

J 씨는 부임하여 인수·합병(M&A) 계약을 연이어 성사시키며 업적을 쌓았다. 그는 협상과 경영 전문가로서 자기 역할을 잘 수행하고 있다.

경력 연차가 20년 이상이라면 인생계획의 방향을 생각할 때다. 직장경력의 정점에 있으며, 어디까지 승진할 수 있는지 결정되는 시기이다. 대부분이 고참 부장 이상, 많은 이가 임원으로 일하는 시기에는 인생을 걸고 승부를 볼 때다. 현재 회사에서 앞이 보이지 않는다면 보다 규모가 작은 곳으로, 그러나 책임은 더 많은 높은 자리로 옮길 수 있다. 또한 창업할 수도 있고 비슷한 규모의 다른 경쟁사로 옮겨 계속 사다리를 타고 오르는 길을 택할 수도 있다. 이때에 많은 사람들은 자신의 경력을 언제까지 가져갈지 고민한다. 계속 직장에 있을지, 나와서 자기 일을 할지 인생 계획에 따라 조직에서 행동이 달라져야 한다.

주변에서 보면 성공적인 직장경력을 마치고 은퇴를 준비하는 사람들이 있다. 이들은 그 동안의 지식과 경험을 후배들에게 나눠주기 위해 학위를 취득하고 컨설팅 회사를 차리거나 비영리재단 등에서 새로운 일을 하기 위해 준비한다. 시대가 변하면서 인생 후반부를 어떻게 의미 있게 살 것인지 고민하는 사람들이 점차 많아지고 있다. 이 시기에는 직장경력뿐만 아니라 인생 전체를 생각하며 선택해야 한다.

이직할 때 직위·연봉·부가혜택 등의 대우가 당연히 중요하나, 경력과 관련 없이 기본적으로 고려해야 할 게 있다. 이번 선택 이후 다음 선택을 할 때 내가 가고 싶은 길을 가는 데 도움이 될지 여부다. 특히 좋은 기회라고 해도 이직 후 잘 풀리지 않아 다시 움직여야 할 때 갈 곳이 없어질 것 같다면 이직을 매우 신중하게 생각해야 한다. 반대로 이번 기회에는 위험 요인이 좀 있다. 하지만 이직 후 잘 풀리지 않아도 그 이후 다른 곳으로 얼마든지 갈 수 있는 경력을 만들 수 있다면 위험을 감수할 수 있다.

연령별 실패사례

✻ 30대 기본급 함정에 속아

30대 직장인들은 '연봉이 적어', '복리 후생이 낮아', '야근이 많아'… 등 사소한 이유로 이직을 생각한다. 이직할 회사의 연봉, 직급, 회사 분위기 등 조건을 보고 이직했다가 낭패를 보거나 후회하는 일이 많다.

지난해 말 관광 업체 A사로 이직한 C(33) 대리는 이직하려는 회사의 장래성은 물론 연봉을 높여준다는 제안을 받고 이직했다가 낭패를 경험했다. 막상 이직하여 A사의 기업 문화에 적응할 수 없었다. 게다가 자기 업무 외에 면접 당시 언급되지 않았던 다른 업무가 늘 쏟아져서 매일같이 야근이 이어졌다. 실수라도 하면 경력 사원이 그런 것도 제대로 못하느냐고 핀잔을 받았다. 점심시간에 따로 미팅을 나가면 왜 말도 없이 나갔다 왔느냐고 어김없이 몰아붙였다. 적응하기 위해 숱하게 노력해 봤지만 크게 달라지는 것은 없었다. C 대리는 정신없이 한 달이 지나고 월급날 더욱 참을 수 없었다. 분명히 종전 회사보다 기본급은 높았지만, 따져보면 매달 들어오는 봉급은 전보다 못했다. 기본급만 계산해 30% 올랐다고 생각하고 이직했는데, 가서 보니 이전 직장에서 제공 받던 혜택들이 새 회사에는 없었다. 결국 L 대리가 직접 그 비용을 다 부담하느라 실제로는 전체 연봉이 별로 오르지 않았다.

이처럼 기본급의 함정에 종종 빠질 수 있다. 이직할 때 새로운 회사는 통상 회사의 연봉에서 얼마 정도 상승한 금액을 제공하게 된다. 많은 사람들이 생각하지 못하는 부분은 기존 연봉을 계산할 때 기본급은 물론 보너스·야근수당·연차수당·의료비·자기개발지원금·경조사비 등 여러 가지 혜택도 고려해야 한다. 그러나 대부분 사람들은 기존 회사와 새로운 회사의 보상 체계가 어떻게 다른지 알아보지 않고 기본급만으로 비교한다. 그래서 기존 회사에서 누리던 혜택을 다 계산해 금액으로 환산해 보고 새로운 회사에서 내건 조건과 비교해야 한다. 그리고 보너스·인센티브·퇴직금은 기본급 기준으로 '기본급의 몇 %' 식으로 지급될 때가 많기 때문에 같은 연봉이라도 기본급을 많이 받도록 계약하는 것이 좋다.

✻ 40대 커리어 목표의 부재

돈만을 이유로 강행하는 이직은 실패할 수 있다. 돈만을 추구하는 이직 후보자는 그 후에도 몇 번이나 이직을 되풀이하는 '잡 호퍼'가 될 가능성이 높다. 이직이 일반화되고 있는 지금도 기업은 '가능하면 장기간 일할 수 있는 인재'를 좋아한다. 높은 연봉을 제시할 때는 이직자의 기술 혹은 경험에 돈을 지불하기보다 그 정도로 높은 연봉을 지불해야 인재를 모집할 수 있는 기업일 가능성도 의심하는 것이 좋다.

이직자는 직무 발전성과 연관성도 고려해야 한다. 보통 연봉 혹은 직급이 높아지거나, 대기업으로 가는 것을 성공적인 이직으로 생각한다. 하지만 막상 자신이 생각한 업무와 달라 적응하지 못할 때도 많다. 유통 대기업에서 홍보·마케팅 업무를 한 M(40) 과장은 지난해 말 대기업 B그룹 계열사로 이직했다. 연봉과 직급에서 큰 차이가 없었지만 구직자들이 선망하는 B기업에서 한번 일해 보고 싶은 욕심이 들었고 유통 외에 제조분야에서도 마케팅 경력을 쌓고 싶었다. 부푼 기대감을 안고 이직했지만 업무와 회사 분위기는 생각과 너무 달랐다. 대외 활동도 많고 다양한 일을 할 수 있었던 이전 회사와 달리, B사는 제조회사여서 분위기가 완전히 달랐다. 주로 새 회사에서 문서작업을 많이 하다 보니 업무에 재미가 없어 졌다. 결국 그는 6개월 만에 전 직장으로 복귀했다.

한 직장에서 최소한 1년도 채우지 못하고 이직하는 건은 오히려 역효과를 낸다. 너무 이직이 많으면 조직 적응도나 충성도가 없는 사람으로 비쳐질 수 있다. 이직이 잦은 사람은 보통 조직 적응력이 떨어진다고 여겨지거나 업무 능력을 의심받기 때문에 이들을 재용하려는 회사는 아주 드물다.

✽ 50대 알 만큼 안다는 착각

대기업 임원으로 지내던 K(52) 상무는 다른 제3업 대기업의 임원으로 스카우트 제의를 받았다. 같은 제조업이지만 제품군이 달라 처음에 망설였지만 현재 있는 곳보다 대우가 좋았다. K 씨는 마침 한 업계에서 20년 정도 같은 일을 반복하며 지내온 시간이 짜증났다.

특히 새 회사는 방송매체에도 자주 다루는 대기업이고 K 상무도 이미 그 회사에 대하여 많이 파악했다. 그러나 출근 첫날에 무엇인가 이상한 점을 느꼈다. 맡은 일이 면접 당시 들었던 업무와 다르고 회사 분위기도 그다지 좋지 않았다. 실상 '너무 늦기 전에 다시 전 회사 복직을 알아볼까?' 고민도 했다. K 상무의 실수는 바로 회사에 대하여 제대로 알아보지 않았다는 점이다. 그래서 회사의 평판을 조회하는 것이 매우 필요하다.

사람 하나 잘못 뽑았다가 고생한 대부분의 회사들은 사람을 채용할 때 뽑을 사람에 대해 평판을 조사한다. 지원자도 좋은 회사라 여기고 입사했으나 얼마 안 돼 다시 사직하는 것을 종종 보게 된다. 앞서 예를 든 K 과장과 C 대리도 취직하려던 회사에 대한 평판을 조회하는 일에 소홀했다. 평판 조회는 최소 3~5명에게 물어보는 것이 좋다. 대답해 주는 이의 인생관, 일에 대한 태도, 회사에서의 위상 등을 고려해 들어보는 것이 바람직하다. 처음에는 새 직장에서 멋지게 활약할 자신을 꿈꾸며 가슴이 설렌다. 하지만 입사하고 2~3개월 지나면 새 회사의 장점과 단점이 모두 보이게 된다. 그러나 최소한의 적응 기간도 거치지 않고 섣불리 퇴직을 결심하면 '도피형 이직'의 길을 답습한다.

이직에 실패하는 유형에는 대략 다섯 가지가 있다. ① 현실 도피형은 단순하게 이 상황만을 피하기 위해 이직을 생각하는 유형이다. ② 무사 안일형은 편한 직장만 찾아다니는 유형이다. 어떤 일이든 상관없지만 활동적인 업무는 싫고 간섭 받기 싫어한다. 그저 월급날에 봉급이나 받았으면 하는 마음만 굴뚝같다. ③ 끈기 부족형은 한 직장에서 오래 견디지 못하고 어느 것 하나 오래 동안 집중하지 못한다. 일을 벌려놓기만 하고 마무리를 못해 인정받기 어렵다. ④ 영업 기피형은 특화된 업무가 없어 입사 시 영업직을 맡지만, 부담스럽고 싫어 내근직을 찾아 이직하는 유형이다. 결국 이직에 성공해도 단순 업무에서 벗어나기 힘들다. ⑤ 방랑자형은 정처 없이 떠돌며 자신의 능력을 과시한다. 능력은 갖추고 있어 이직에는 비교적 쉽게 성공하지만 어디를 가더라도 마음에 드는 곳을 찾기 힘들다. 자신의 능력을 펼칠 직장을 찾지만 대부분 막상 자신이 뭘 원하는지 모르고 있다.

✽ 성공적인 이직을 위한 핵심요소

사람들은 직장에 근무하면서 불만족스럽고 불편한 상황들에 부딪치면 여러 가지 이유로 이직을 생각하는 경향이 있다. 실제로 이직은 쉬운 일이 아니며 많은 생각과 다짐이 요구된다. 성공적으로 이직하는 것이 중요하며, 이를 위해서 몇 가지 고려할 요소들이 있다. ① 기본적으로 기업 문화를 파악한다. 주변 지인들을 동하여 회사의 평판을 조회한다. ② 자신만의 특별한 성과를 가진 인재로 성장해야 한다. 이직하기 전 이직을 통해 얻을 것과 잃을 것을 리스트로 정리해 보면 위험도를 최소화할 수 있다. 자신의 경력을 개발하지 않고 자주 이직하는 오락가락 경험은 자신의 직장경력에 오히려 악영향을 준다.

③ 전 직장에 근무하면서 오점을 남기지 않아야 한다. '주홍 글

씨'처럼 평생을 따라 붙을 평판 조회가 시작된다. 퇴직 전 인수인계는 확실히 하며 이직이 결정된 회사의 이름은 밝히지 않는다. ④ 잦은 이직은 직장경력에 손해이다. 돈보다 이직할 회사의 성장 가능성을 봐야 이직 실패율을 줄일 수 있다. ⑤ 자신의 인맥을 넓혀간다. 제한된 채용 환경에서 이직 준비생들의 사투는 너무나 눈물겹다. 그들에게 가장 그리운 것은 바로 아군의 지원이다. 일하고 싶은 업종과 회사에 대해 파악하고 목표를 정했다면 관련 업종에 종사하는 사람들과 인연을 맺어 두면 좋다.

05. 인생 후반부의 설계원칙

인생의 목적은 자기답게 잘 사는 것이다. 반대로 사람이 자기다움을 포기한 삶은 비참하고 불행하다. 성공은 개별적인 것으로서 자신을 배제하고 단지 세상기준으로 정의해서는 안 된다.

사람들은 단순히 젊은 시절에 보수가 높고 전망이 좋으면, 직장을 옮긴다. 대다수 직장인들은 마음 한 구석에 '정년까지 어떻게 살아남을 수 있을까, 앞으로 무슨 직업을 선택해야 하나'라는 불안감을 갖고 있다. 현실적으로 시대와 사회는 급격히 변화하며, 사람은 단순히 경력만으로 판단 받지 않는다. 세상에 영원한 직장과 직업은 없으며 동일한 일을 몇 십 년씩 계속하기에는 지겨울 정도로 수명이 길어졌다. 후반부 인생을 시작하는 것은 단순히 직업을 바꾸는 것이 아니다. 퇴직자는 상실된 자아를 찾고, 어떻게 여생을 행복하게 보낼 수 있을까 생각하며 성장한다.

명나라 관료 여신오가 한 말이 높은 통찰력을 보여주고 있다. "늙음을 한탄하기 이전에 목적 없이 늙어가는 것을 한탄해야 한다. 죽음이 찾아온다고 슬퍼하지 말고, 죽어서 이름이 잊혀질 것을 슬퍼해야 한다." 지금까지 성취 중심에서 가치 및 의미 중심으로의 삶으로의 전환이 필요하다. 그렇다고 지금 하는 일을 당장 정리하는 것은 아니다. 사람은 각자 자신이 원하며 가치 있다고 생각하는 일에 전념하는 것이 좋다.

❀ 후반부 인생의 설계원칙 📖

1. 후반부 인생을 계획하라.
2. 자기로부터 출발하라.
3. 미리 준비하라.
4. 자신만의 전문분야를 개척하라.
5. 날마다 성장하라.

경력은 개인이 일생을 통해 일과 관련하여 얻게 되는 경험을 통해 자신의 능력 및 성과를 향상시켜 나가는 과정이다. 지금까지 많은 시간을 일에 집중했으므로, 일에 대하여 다시 생각한다. 일은 단지 회사에서만 하는 게 아니다. 일을 더 잘하기 위해서는 여가, 운동, 취미, 학습, 자원봉사, 가족과 친구 등이 필요하다. 일을 인생의 관점에서 조명해보고 일의 포트폴리오를 다채롭게 구성할 필요가 있다.

미국의 사회학자 윌리엄 새들러는 『서드 에이지, 마흔 이후 30

년』에서 마흔이 넘은 남녀 200여명을 면접조사 하였다. 그 중에서 50여명을 12년간 꾸준히 추적하여, 마흔 이후에 인생의 최고 전성기를 맞은 사람들의 사고와 생활원칙을 6가지로 정리했다. 즉, 중년의 정체성 확립하기, 일과 여가생활의 조화, 용감한 현실주의와 낙관주의의 조화, 진지한 성찰과 과감한 실행의 조화, 개인의 자유와 타인과의 친밀한 관계의 조화 등을 성장원칙으로 제시했다. 이것은 인생의 목적을 다시 생각해보고 균형 있는 삶을 살라는 것이다. 어느 한 쪽을 희생하는 것이 아닌 모순을 끌어안는 포용력이 필요하다.

후반부 인생을 계획하라

자신의 경력개발과 성공은 더 가치와 의미가 있는 후반부 인생을 계획하는 것에서 시작한다.

나로부터 출발하라

경력개발의 기본 책임은 자신에게 있으며, 자신을 아는 데서 시작된다. 계획으로 성공적인 경력이 이루어지지 않는다. 자신의 가치관, 기질, 강점, 꿈, 일하는 방식에 대한 진정한 깨달음과 분석을 수행한 사람은 성공적인 경력을 쌓아간다. 경력은 얼마든지 선택할 수 있다. 자신의 기질과 강점에 따라 충분히 직업을 결정할 수 있다.

사람은 '이 직업이 미래에 좋을 거라는' 단순한 생각으로 자신의 경력을 운에 맡겨서는 안 된다. 미래의 변화추세를 이해하는 통찰력이 필요하다. 사람은 자신의 미래를 추세에 전적으로 내맡겨서는 안 된다. 자기 자신이 소중하며 미래를 만들어가는 삶의 자세를 유지하는 것이 중요하다.

미리 준비하라

미래는 준비된 사람에게 두려운 대상이 아니다. 미래는 준비된 자의 것이므로, 인생 후반부가 도둑처럼 찾아오기 전에 준비한다. 경력은 인생에서 이룩되는 땀과 눈물의 대가로서 한 순간에 이룩되지 않는다.

자신만의 전문분야를 개척하라

IT분야를 보면, 신기술과 솔루션이 순식간에 출몰한다. 지식의 감가상각이 너무 빨라서 일일이 좇아가기가 너무 어렵다. 나이 들어 어렵다고 쉽게 포기하거나 좌절하는 것도 좋지 않다.

전문성은 일정한 자격을 유지하는 데서 오는 것이 아니다. 전문성은 기존의 지식과 경험 위에 새로운 내용을 축적하여 새로운 것을 발견할 때 획득된다. 전문성에는 차별화 또는 독창성이 핵심이다. 이것들은 경쟁력의 원천이며 성장의 토대가 된다. 후반부 인생을 시작하기 전에 병행경력을 개발하여 인생 전반부와 연결되고 차별화되는 전문분야를 만들어 간다.

날마다 성장하라

성공은 무엇을 성취했느냐의 과거가 아니다. '나는 지금 나답게 살고 행복한가?', '나는 가치 있는 삶을 살고 있는 가'에 대해 '예'라고 말하는 현재 진행형이다. 과거에 대단한 것을 성취했어도 현재 행복하지 못하면 성공이 아니다. 피터 드러커옹은 주옥같은 여러 가지 명언들을 남겼다. 유난히 잊을 수 없는 말은 '당신은 어떤 사람으로 기억되길 원하는가'라는 질문이다.

이 질문은 사람들을 제자리에 머무르게 하지 않는다. 거울 앞에 선 누이처럼 되돌아보게 하고 조금씩 앞으로 전진 하게 만든다. 매일 자기다움을 발견하여 극대화하기 위한 시간에 투자한다. 사람은 유한한 자원인 시간을 쏟아 붓지 않으면 자기혁신은 결코 달성되지 않는다. 하루에 최소 2시간을 내어 자기혁신의 시간에 집중하는 것이 필요하다.

인생은 생긴 대로 사는 것이다. 철학자 스피노자는 "우리 자신이 되는 것, 우리가 할 수 있는 일을 하는 것, 이것이 삶의 유일한 목표이다."라고 말했다. 다시 말하면, 성공은 가장 자기다운 사람이 되는 것이다. 가장 자기다울 때 물질적으로 풍요롭고 매력이 넘쳐나는 성숙한 인간이 된다.

06. 지식근로자의 경력

인생 후반부에 할 일

역사상 처음으로 개인이 조직보다 더 오래 사는 것을 기대할 수 있게 되었다. 그것은 전적으로 인간에게 새로운 도전을 던져준다. '인생의 후반부에 무엇을 할 것인가'하는 도전적인 질문이다. 사람이 30세에 근무를 시작한 조직이 나이 60이 될 무렵에도 여전히 존속할 것이라고 장담할 수 없다. 대부분의 사람들은 40-50년 장기간에 걸쳐서 같은 종류의 일을 한다. 그때쯤 일이 손에 잡히지 않게 되고 싫증이 난다. 직장에서 하는 일에 흥미가 사라지고 스스로 짐스럽게 여기며, 주위의 사람들에게 부담이 된다.

오늘날 최고경영자의 '중년 위기'에 대해 말이 많은 데, 그것은 대부분 권태의 결과다. 50세가 되면 대부분의 최고경영자들은 기업 경력 상 정상에 도달하고 자신들도 그것을 알고 있다. 같은 종류의 일을 20년이나 했기 때문에 당연히 자기 일에 능숙하다. 그러나 그들은 다른 것은 아무것도 더 이상 배우지 않는다. 어떤 것에도 더 이상 기여하지 않고 있다. 최고경영자들은 자신의 직무가 다시 도전 혹은 만족의 대상이 될 것으로 기대하지 않는다. 하지만 최고로 위대한 예술가들과 같은 최상위 성공인들에게 그것이 필연적인 사실이 아니다.

위대한 인상주의 화가 클로드 모네는 80세에도 여전히 명작을 그렸다. 그는 하루에 12시간 일했고 심지어 시력을 거의 다 잃었을 때까지 그림을 그렸다. 인상주의 이후 최고의 화가인 파블로 피카소도 90세가 넘어 죽을 때까지 그림을 그렸다. 피카소는 70대에 '입체파'라는 새로운 형식의 미술학파를 개척했다. 20세기 최고의 연주자인 파블로 카잘스는 97세로 죽는 그날에도 새로운 곡을 연주할 계획을 세워 연습했다. 현대 물리학의 거장 막스 프랑크는 40대 이후에 중요한 과학적 업적을 남기지 못했다. 그러나 프랑크는 그 후 2가지 다른 경력을 보탰다. 1918년 60세 이후부터 그는 독일의 과학계를 재편했다. 1933년 나치로부터 강제로 은퇴를 당했으나, 90세가 된 1945년에 히틀러가 몰락한 뒤 독일의 과학을 재편했다. 이런 사례들은 위대한 성취인들 가운데서도 아주 드문 사례들에 속한다.

멋진 소멸을 위하여

40여 년 동안 일한 육체근로자는 은퇴연령이 되기도 전에 육체적·정신적으로 녹초가 된다. 예를 들어 제철 회사의 근로자나 자동차 운전기사 등은 정상적인 기대수명이 다하기 전에 육체적 혹은 정신적으로 지치고 힘이 없다. 만약 그들이 생존한다면 10~15년 동안 아무것도 하지 않고 매우 행복하게 산다. 골프와 낚시도 즐기고 다양한 취미생활도 영위한다.

지식근로자들은 비록 사소한 불평을 하지만, 자기 일을 잘할 수 있다. 지식근로자가 30세일 무렵 그렇게도 도전적이었던 그 최초의 과업은 50세쯤 되면 죽을 맛이 날 정도로 지겹게 느껴진다. 지식근로자들은 20년은 아니더라도 15년 가량 더 일할 수 있다.

21세기에 개인들은 길을 잃었고, 앞길을 밝혀 줄 등대도 없다. 조직의 수명은 단축되고 개인의 수명은 100세를 바라보는 경우에 '삶이 어떠할 것인가' 역사가 가르쳐 줄 게 없다. "나이는 숫자에 불과하다"는 말은 그야말로 공허한 담론이다. "사람은 호기심을 잃을 때부터 늙기 시작한다."는 말 역시 위로를 받기 위한 진부한 수사(修

辭)다. 그래서 장수한 성공한 사람들의 이야기는 필요하다. 그들의 이야기는 멋진 소멸을 준비하는 21세기 개인에게 도움의 거울이 된다.

예측하지 못한 때를 위한 제2경력

지식근로자의 제2의 주요 관심사는 자기 자신을 관리하고 개발하는 데 있다. 어느 누구도 이 세상에서 인생 여정이나 근로생활에서 심각한 역경을 겪지 않아도 오래 동안 사는 것을 기대하지 못한다. 예를 들면 40세의 유능한 엔지니어가 승진에 탈락한다. 50세의 유능한 교수는 처음부터 근무한 대학에서 규모가 큰 대학으로 옮기려고 한다. 살다 보면 가족의 생활에도 각종 비극이 일어난다. 이혼도 하게 되고 아이들을 잃기도 한다.

누구에게도 인생에서 제2의 주요 관심사는 완전히 다른 인생을 만들어 줄 수 있다. 승진에 탈락한 유능한 엔지니어는 자신이 회사의 직무에서 성공하지 못했음을 너무 늦게 알았다. 그러나 회사 외부에 있는 지역교회의 자원봉사 회계책임자로서 성공적으로 활동했다. 자신의 가족이 붕괴될 수 있지만, 가족 이외에도 공동체 활동은 여전히 존재한다. 그것은 성공이 중요한 요소로 인식되고 있는 사회에서 점점 더 중요하게 여긴다.

지식사회에서는 모든 사람이 성공할 수 있다고 기대한다. 그것은 분명히 있을 수 없는 일이다. 다수의 사람들은 기껏해야 실패를 하지 않는 정도다. 성공이 있는 곳에는 실패도 함께 있다. 그러므로 어떤 개인이 기여하거나 남다른 성과를 올리며 어떤 대단한 사람이 되는 분야가 있는 것은 개인은 물론 가족에게도 매우 중요하다. 그것은 제2의 분야를 갖는다는 것을 의미한다. 그것이 제2의 경력이든 평행경력이든 사회적 모험이든 간에, 지도자가 될 기회와 존경받을 기회, 성공의 기회를 제공해줄 수 있으면 된다.

07. 인생 후반부 설계의 기본 요소

인생 후반부에 행복한 노후를 보내려면 기본적인 준비요소들이 있다. 즐겁고 따듯한 인생 후반부에 들어가는 기본 요소들은 재무설계, 노후소득, 건강관리, 대인관계와 여가관리로 볼 수 있다[3].

재무설계

사람은 휴식과 새로운 경험을 위하여 여행을 즐긴다. 교통서비스가 좋지 않은 험악한 산악이나 사막지대를 여행할 때 나침판은 절대적으로 필수적인 지참품이다. 나침판조차 없이 줄곧 산악이나 사막으로 이동하면 현재의 위치와 방향을 전혀 모른다. 노후에서 재무설계가 없으면 나침판 없는 여행과 마찬가지다. 그 만큼 인생 후반부 설계에서 재무설계는 매우 중요하며 필요하다.

---

3 노후행복설계센터 http://www.10/0-plan.or.kr

우리는 이미 평균연령 100세 시대 문턱에 진입하여 노후기간도 길어지고 있다. 주요 국제기구들의 분석에 의하면, 2050년 한국은 세계 최고령 국가가 되어 65세 이상 인구비율이 전 국민의 38% 이상을 차지할 전망이다. 이로 인해 평균기대수명도 계속 증가하고 평균 노후기간도 30년 이상 예상된다. 그러나 우리나라 은퇴준비의 현실은 매우 암담하고 침울하다. 2012년도 통계청 자료를 보면, 국민의 40%는 노후준비를 하고 60%는 노후에 대비하지 못하고 있다. 세계은행 등 국제기구에서는 연금제도(공적연금, 퇴직연금)에 의한 실질 소득대체율을 60~70%로 권고한다. 우리나라는 현재 국민연금, 퇴직연금 및 개인연금을 합쳐도 45~50% 수준에 불과하다.

풍요로운 인생 후반부를 위하여 탄탄한 재무설계가 대단히 중요하다. 사상누각이란 '기초가 튼튼하지 못하여 오래 견디지 못한 일'을 뜻하며 모래 위에 누각을 세우는 것과 같은 말이다. 기본이 수립되지 않은 인생 후반부 재무설계는 실패할 가능성이 크고 쉽게 무너진다. 그러므로 건실한 재무설계를 위한 기본원칙과 방향을 정해야 한다.

✽ 첫째, 은퇴기간 동안 정기적인 소득이 발생토록 한다.

인생 후반부에는 정기적인 소득발생이 대단히 소중하다. 연금을 활용하는 것은 정기적인 소득을 얻는 아주 유용한 방법이다. 은퇴자금을 일시금으로 예치하여 정기적으로 인출하여 쓰면, 비계획적인 지출로 자금이 고갈될 수 있다. 일시금을 보유한다면 즉시 연금으로 활용하는 것이 좋다. 국민연금 혹은 공무원연금 등 공적연금은 매년 물가상승률 만큼 오른 연금액이 지급된다. 하지만 퇴직연금이나 개인연금은 기본적인 일정금액만 지급되는 것이다. 퇴직연금 혹은 개인연금도 가입 시 물가상승률을 고려하여 계획해야 할 것이다.

❀ 둘째, 은퇴 재무설계는 장기적인 계획으로 실행한다.

보통 은퇴 재무설계는 은퇴시점이 많이 남았다고 생각하거나, 다른 재무목표 달성 때문에 여유가 없다는 핑계로 우선순위가 많이 밀린다. 이것은 단기간에 이룰 수 있는 목표가 아니다. 이러므로 은퇴 재무설계는 빨리 시작할수록 목표달성 가능성이 높아진다. 그러나 늦게 시작할수록 그 부담은 더욱 가중되는 것이다.

❀ 셋째, 복리효과를 최대한 활용한다.

재무설계는 가급적 빨리 시작하고 복리효과를 최대한 활용하는 것이 좋다. 복리효과는 이자에 이자가 붙는 것이다. 저축 기간이 길수록 받는 이자가 점점 많아진다. 별도로 복리이자가 적용되는 금융상품을 최대한 활용할 필요가 있다. 마땅한 복리이자 상품이 없을 경우에 단리이자 상품을 이용한다. 이 때에 상품에서 발생한 이자를 다른 용도로 사용하지 않고 계속 재투자하는 것이 바람직하다.

❀ 넷째, 은퇴 준비자금을 다른 목적으로 사용해서는 안 된다.

은퇴자금은 장기간에 걸쳐 저축해야 마련된다. 장기간 저축하다 보면, 은퇴자금으로 축적된 돈을 다른 용도로 사용하는 경우가 있다. 그래서 주택자금, 자녀의 교육 혹은 결혼자금 등 생애주기에 따라 사용되는 자금들은 별도로 저축하는 것이 필요하다.

노후소득

노후소득은 노후생활을 보장하는 자금을 마련하는 것이다. 국민연금이나 퇴직연금은 노후를 위한 최저생활비의 기초이다. 개인연금은 은퇴 후 좋은 친구가 되며 노후생활에 윤활유와 같은 역할을 한다. 이러한 노후소득을 확보하는 방법에는 기초연금, 공적연금, 사적연금, 주택연금 및 농지연금 등이 있다.

✽ 첫째, 기초연금

기초연금은 국민연금 혜택을 충분히 받지 못하는 어르신에게 최소한의 경제적 도움을 제공하는 것이다. 이것은 청·장년층과 미래 우리 자녀들의 경제적 부담을 줄여서 모든 세대의 노후생활을 든든하게 보장하기 위한 제도이다. 기초연금은 만 65세 이상 전체 노인인구 중 소득 인정액이 소득하위 70%에 해당되는 선정 기준액 이하인 자에게 지급된다. 단, 공적연금(공무원, 사학, 군인, 별정우체국 등)의 수급권자 및 배우자는 제외된다.

✽ 둘째, 공적연금

공적연금에는 국민연금, 공무원연금, 군인연금, 사학연금이 해당된다. 국민연금은 국가가 보험의 원리를 이용하여 법률로 제정한 사회보험이다. 이것은 가입자, 고용주 및 국가가 일정의 보험료를 부담하고 이를 바탕으로 노후생활비를 지원해준다. 주소득자의 사망이나 장애발생 시 가족 생계비를 지원하는 사회보장제도이다.

공무원과 군인 연금은 각각 국가공무원 및 군인의 노령·폐질·사망 등 소득의 상실사유가 발생할 경우에 적절한 급여를 실시하여 공무원과 군인의 노후생활보장, 재해보상, 퇴직금의 성격을 가진 사회보장제도이다. 사학연금은 사립 초·중·고등학교, 전문대학 및 대학교 교수를 대상으로 노령·폐질·사망 등 소득의 상실사유가 발생할 경우에 적절한 급여를 실시하여 노후생활보장, 재해보상, 퇴직금의 통합 성격을 가진 사회보장제도이다.

✻ 셋째, 사적연금

사적연금에는 퇴직연금제도와 개인연금제도가 있다. 퇴직연금제도는 근로자가 재직기간 중 사용자가 퇴직금 지급재원을 외부의 금융기관에 적립하고, 이를 사용자 또는 근로자의 지시에 따라 운영하여 근로자 퇴직 시 연금 또는 일시금으로 지급하는 것이다. 퇴직연금제도에는 확정급여형, 확정기여형 및 개인형 퇴직연금 등의 유형들이 있다.

한편, 개인연금제도는 국민의 노후생활 안정을 위해 1994년 6월 도입된 개인연금저축이 2001년 1월에 변경된 제도이다. 이 제도는 납입단계에서 소득공제 혜택을 제공하는 여부에 따라 세제 적격인 연금저축과 세제 비적격인 연금보험으로 구분한다. 개인연금제도는 신연금 저축보험, 신연금 저축신탁 및 신연금 저축펀드 등 3가지 유형들이 존재한다.

✻ 넷째, 주택연금과 농지연금

주택연금은 집을 소유하고 있지만, 소득이 부족한 노인들이 안정적인 수입을 얻을 수 있도록 집을 담보로 맡기고 노후생활비를 연금방식으로 받는 제도이다. 주택연금의 신청자격은 부부 모두 만 60세 이상으로 시가 기준 9억원 이하 1주택 보유자로 보유주택에서 실제 거주하는 경우에 해당된다. 주택연금은 국가가 연금을 보증하고, 평생 동안 부부에게 거주를 보장하며 부부 중 1명이 사망해도 100% 동일 금액을 지급한다.

농지연금은 고령농업인의 노후생활 안정을 지원하기 위하여 2001년에 도입되었다. 만 65세 이상 고령농업인이 소유한 농지를 담보로 맡기고 노후생활 안정자금을 매월 연금형식으로 받는 제도이다. 농지연금의 신청자격은 영농경력 5년 이상이면서 총 소유농지가 30,000m^2이하인 농지소유자에게 있다. 농지연금은 연금을 받으면서 담보농지에서 직접적으로 경작하거나 임대도 가능하다. 또한 정부가 직접 시행하고 농업인이 사망하면 배우자 사망 시까지 계속하여 농지연금을 수령 받는다.

건강관리

건강은 정신적으로나 육체적으로 아무 탈이 없고 튼튼한 상태이다. 건강관리는 건강의 유지와 증진, 질병의 예방 따위를 꾀하는 일이다. 건강관리는 개인적, 사회적 및 가족적으로 매우 중요하다. 개인적으로 질병이나 장애로 건강이 나쁘면 타인에게 의존하고 자존감이 떨어진다. 건강유지에 필요한 비용의 증가는 경제적 부담이 되며, 여가 및 사회활동을 제약받는다. 사회적 측면을 보면, 노인 1인당 연간진료비는 3백만원 수준으로 국민 1인당 연간 지료비에 비해 약 3배 높다. 특히 전체 의료비 중 노령층의 진료비 비중은 2005년 24.2%에서 2014년 34.5%로 다소 증가했다. 가족의 경우 건강을 잃게 되면 의료비 및 요양비에 의한 경제적 지출이 크게 증가한다. 가족들이 환자를 돌보게 되어 사회활동 제약과 심리적 부담이 커서 정신과 신체건강이 약해지고 가족 간에 불화가 생기게 된다.

✽ 첫째, 영양관리

영양관리를 잘하기 위해서는 올바른 식사습관 및 바람직한 영향섭취가 매우 중요하다. 식사는 하루 3번 제때에 여러 가지 음식을 골고루 먹는다. 식사량은 알맞게 적당히 먹고 음식은 짜지 않고 싱겁게 함께 모여서 식사한다.

골다공증을 예방하기 위해서 우유, 두부, 멸치 및 미역으로부터 칼슘을 섭취한다. 과일, 야채, 콩, 현미 등 섬유소는 변비예방에 효과적이다. 인지능력의 향상을 위한 비타민 D, B6, B12는 생선, 현미와 닭고기로부터 섭취한다. 근력을 강화하기 위한 단백질은 육류, 생선 및 콩류 식품에 많다. 복부미만과 당뇨를 일으키는 떡류, 사탕 및 과자류는 가급적 멀리한다.

✽ 둘째, 운동관리

운동의 형태는 심폐기관에 지속적으로 자극을 주는 유산소 운동이 좋다. 대표적인 유산소 운동에는 걷기, 조깅, 자전거 타기, 수영, 배드민턴, 등산이 있

다. 운동은 심폐기능에 충분히 자극을 주면서 부담이 되지 않는 강도로 한다. 보통 운동은 15~45분간 지속하는 것이 적당하나, 운동 종류에 따라 강도 및 시간을 조절해야 한다. 일반적으로 1주간에 운동은 3~5회 정도가 적합하다.

✻ 셋째, 약물관리

인생 후반부 노년기에는 여러 가지 병을 동시에 가지는 경우가 많다. 그래서 다수의 약을 복용하면 약물부작용이 발생할 수 있다. 다양한 약을 복용할 경우에는 반드시 사전에 전문가와 상의해야 한다. 약물부작용을 예방하려면 몇 가지 수칙들이 요구된다. 현재 먹고 있는 약의 목차를 만들어 집에 보관하고 병원 진료 시 담당의사에게 보여준다. 약은 반드시 처방전에 따라 올바르게 복용한다. 약 먹는 것을 잘 기억하도록 알람, 요인별 약상자 혹은 달력표기 등으로 자신에게 맞는 방법을 이용한다. 약의 보관기관을 잘 확인하고 술과 약을 함께 복용하지 않도록 한다.

대인(인간)관계

다른 사람을 대하는 인간관계는 인생 후반부 노후의 삶에서 매우 중요하다. 대부분 노년에 접어들면 외롭거나 정서적·신체적으로 위축된 생활을 영위한다. 친구와의 우정은 노년의 삶에서 윤활유와 같고, 대인관계를 통하여 행복을 얻는다. 노년기에는 신체상 제약이 있어 근거리에 있는 이웃과 우호적인 관계를 맺는 것이 소중하다. 이웃들과 정보교류 및 취미활동을 통해 노년기에 나타나는 여러 가지 변화에 잘 적응할 수 있다. 이웃 간에 서로 안부를 묻고 건강상태를 챙기는 상호간의 돌보미 역할도 바람직하다.

노년기에 접어들수록 신체적인 능력이 쇠퇴하여 일상생활에서 다른 사람에 대한 의존도가 증가한다. 노년기의 경우 자발적인 판단과 선택으로 사용할 수 있는 자유시간이 증가해서 활동영역의 재구성과 생활구조의 변화가 불가피하다. 퇴직으로 직장에서 지위가 상실되고, 배우자와 사별 등 같은 가정사로 인해서 가장에서 자기 역할이 변화할 수 있다.

그래서 노년기에는 외로움을 극복하기 위해서 다양한 방법을 강구해야 한다. 하루에 한 명 이상과 꼭 연락을 취한다. 상대방의 연락을 미리 기다리는 것 보다 우정을 지속하기 위해서 먼저 연락한다. 새로운 것을 배우거나 동호회에 가입하고 단체여행 혹은 봉사활동과 같은 새로운 것을 추구한다. 집에서 혼자 하는 인터넷, TV 시청, 독서 등이 사회접촉을 피하는 장애가 되지 않게 조심한다. 지역사회 모임, 동호회나 종교단체, 봉사단체 등과 같은 것을 활용하여 휴일을 계획하는 것도 매우 좋다. 남과 친해지려면 나를 돌아보고 자기 자신부터 챙긴다. 외로움이 심해지면 술이나 약에 의존하지 말고 전문가의 도움을 받는 것이 낫다.

여가활동(관리)

노년에는 일이 없어 남는 자유로운 여가시간이 많다. 여가활동은 노년의 삶을 자기 스스로 풍요롭게 만든다. 여가활동에서 새로운 경험과 학습으로 배우고 즐기는 것도 노후의 행복이다. 최근 사회경쟁이 심하여 조기에 퇴직하고 고령화가 더욱 진행되어 은퇴기간은 점차 길어지고 있다. 여가관리는 노년기에 주어진 시간을 효율적으로 보내기 위한 준비이다. 노년의 경우 평균수명이 연장되어 과거보다 노년기를 더욱 많이 보내기 때문에, 여가활동계획의 필요성이 점차 증가한다. 은퇴 유형별 여가활동에는 몇 가지 종류가 있다.

❀ 첫째, 순수 레저형

순수레저형은 노년기에 일상생활과 마음에 여유가 있는 모습이다. 지금까지 시간이 부족하여 도전하지 못한 취미나, 휴가를 내지 못해 실천하지 못했던 배우자와 국내·외 여행을 즐기는 것도 좋다. 사전에 취미생활 계획을 잘 세우고 충분한 비용도 준비해야 한다. 또한 일하지 않고 생활하는 법을 배우며, 여가생활에서 재미가 지속되도록 일정과 계획을 잘 마련해야 한다.

❀ 둘째, 시간제 근로형

시간제 근로형은 노후에 은퇴하고 싶지만, 주위 여건상 여전히 일이 필요한 형태이다. 전업형과 순수레저형을 적절히 배합한 유형으로 일과 레저의 비율에 있어 정답은 없다. 그러나 일주일에 40시간 일하기로 마음먹었거나 레저 활동에서 기쁨을 얻지 못하다면 전업으로 일하는 것이 오히려 낫다.

✽ 셋째, 자원 봉사형

자원봉사형은 노후에 자신이 가진 재능과 경험을 사회에 환원하는 기회를 찾는 모습이다. 민간 비영리단체(NPO)나 실버 해외 자원봉사단 등을 추천할 수 있다. 다른 자원봉사자나 사회단체와의 연대감은 인생에 새로운 의미를 찾게 되어 아주 바람직하다. 단지, 자신에게 맞는 봉사활동을 찾는 것은 직장을 구하는 것만큼 어렵다. 그래서 먼저 필요한 정보를 충분히 수집하고 이에 적합한 봉사활동을 준비하여 실행에 옮겨야 한다.

✽ 넷째, 전업형

전업형은 은퇴 후에도 계속하여 일이 필요한 경우이다. 전업형의 경우에 상당수가 창업을 많이 생각한다. 은행 돈을 대출받아 무리하게 창업하는 것은 위험하며, 일의 즐거움 차원에서 그쳐야 한다. 서두르지 말고 충분한 시간을 가져 자기욕구와 관심을 먼저 파악한다. 일하는 이유가 재정적인 목적이 아니면 비영리단체에서 활동하며 보람을 찾는 방법도 생각할 수 있다.

08. 평생현역이 해법; 앙코르커리어

노후현실과 인생불행

100세 시대가 벌써 다가오고 있다. 한국인의 평균 수명은 82세로서 의학의 발전 속도를 볼 때, 가까운 미래에 평균 수명이 90세에 달한 '센테네리안(centenarian, 100세인)'을 보게 된다. 2030년이면 선진국에서는 평균 수명이 100세에 달할 것이라 전망한다. 유엔은 2050년의 전 세계 평균수명을 100세로 보고 있다. 앞으로는 18~50세를 청년, 51~70세를 장년, 71~100세를 노년으로 결정하려고 논의 중이다. 100세 시대에는 가족관계·주거·교육·일자리·복지·금융 등 개인의 삶과 모든 사회 시스템을 100세 시대에 맞춰 바꾸는 패러다임의 전환이 필요하다.

과거에는 60세만 되어도 환갑잔치를 했고, 60세 이후를 여생 즉 남아있는 생이라고 불렀다. 다가올 인생 100세 시대에는 3모작 인생 설계가 필요하다. 제1모작 시기는 탄생으로부터 30년, 제2모작 시기는 30~60세 시기로 노후를 준비하는 시기이다. 제3모작은 한 인생을 정리하는 61~100세까지로 정의한다. 이 중에서 제3모작 시기가 중요하며 1, 2모작을 실패하면 3모작에서 수확을 기대할 수 없다.

한국의 연령별 인구 분포 전망 단위: %

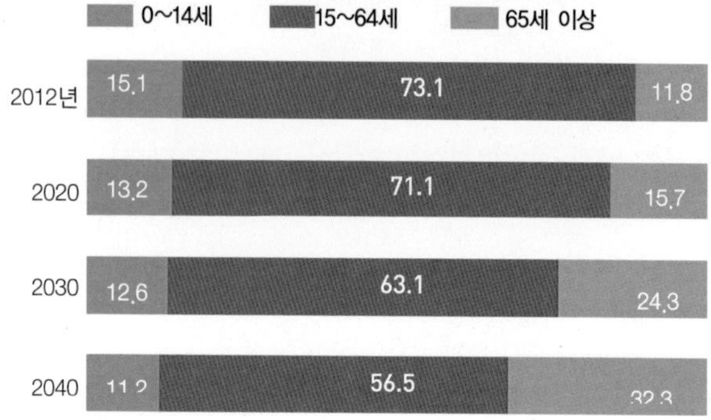

자료: 통계청 〈장래인구추계〉

오늘날 현실 여건을 보면, 봉급생활자는 2모작도 제대로 못하여 쩔쩔매고 있다. 실제로 많은 직장인들은 50세 중반에 퇴직하고 있다. 퇴직 후 생활에 대비하여 돈을 저축한 사람은 적고, 퇴직 전·후로 가정에 대·소사가 많다. 자녀 교육, 결혼 및 노부모의 의료비도 감당해야 한다. 60세 이상 노령층의 소비증가율이 2년 새 7.5%에서 5.0%대로 하락했다. 부모로부터 받은 재산이 많거나 억대 연봉의 고위 임원이라면 모를까 대개 아파트 한 채와 약간의 금융자산만 갖고 있다. 아파트 가격이 떨어지며 팔려고 해도 잘 매매가 이루어지지 않는다. 저금리·저성장으로 재테크에 의한 재산증식도 점점 어려워지고 있다.

그럼 어떻게 해야 할 것인가? 언제까지 고용환경이나 수명이 길어지는 것을 탓하며, 한숨과 불평으로 세월을 보낼 수 없다. 개인 스스로 변하고 실천해야 한다. 조선 중기의 유학자, 정치가인 율곡 이

이는 인생의 3대 불행을 '초년출세', '중년상처', '노년빈곤'으로 정의했다. 초년출세, 즉 젊어서 출세한 사람은 종종 독선과 아집에 빠지고 교만해지기 쉽다. 인생 내내 화려했던 시절만을 추억하는 과거 지향적 성향이 된다. 50대 중반쯤 인생의 절정에 서고 60~70대엔 관록으로 대우받으며. 이후에는 원로로서 후학양성과 사회 환원에 집중하는 인생이 바람직하다.

중년상처는 40~50대에 배우자를 잃는 경우이다. 자녀들이 한참 성장할 때 배우자와 이혼 혹은 사별하면, 전반적인 삶이 충격에 빠진다. 자식을 위해 모든 것을 희생하면, 부부 간 서로 소홀하고 인생 후반부가 피폐하게 된다. 부부 중심으로 가정을 되돌려야 안정적인 삶을 위한 공동전선을 펴고 해로한다. 가장 큰 불행은 노년무전으로 돈이 없으면 노년이 추해진다. 이로 인해 사회적인 관계가 상실되고 건강도 잃어버린다. 사회로부터 멀어지거나 개인건강을 유지하지 못하면 필연적으로 수명이 단축된다. 노후에도 연금을 통하여 일정 현금도 정기적으로 받고 체력단련을 통해 좋은 건강을 유지하는 것이 소중하다.

국가별 개인의 고령화 대비 순위			
1위	네덜란드	5위	독일
2위	미국	13위	중국
3위	브라질	19위	한국
4위	호주	20위	폴란드

*OECD 회원국 16개.
브릭스 4개국 등 총 20개국 대상
자료: 미국 국제전략연구소(CSIS),
소득 충분지수 순위

국가별 정부의 고령화 대비 순위			
1위	인도	5위	러시아
2위	멕시코	10위	한국
3위	칠레	15위	일본
4위	중국	20위	스페인

*OECD 회원국 16개.
브릭스 4개국 등 총 20개국 대상
자료: 미국 국제전략연구소(CSIS),
재정 지속가능지수 순위

평생 현역같은 생활

인생에 닥친 3대 불행을 한꺼번에 막는 방법은 '평생 현역'이다[4]. 이것은 초년출세의 독선적 삶을 피하고 중년상처의 위험을 줄이며 노년빈곤의 퇴치를 가져다주는 지름길이다. 미국 등 선진국에선 4~5년 전부터 '앙코르 커리어(Encour Career)'란 말이 유행하고 있다. 앙코르 커리어는 시니어들이 사회에 공헌하면서 적당한 임금을 받는 것이다. 노인에 대한 시각이 생산적 주체로 바뀌고 있음을 말해준다. 고령사회가 가장 빠르게 진전되는 한국에서 '앙코르 커리어'가 새로운 추세로 자리 잡을 수 있다.

커리어는 단순히 직업, 경력보다는 개인의 인생이나 삶의 방식이다. 생활의 질에 우선하여 시민·배우자·지역사회·친구 등의 관계가 보다 중요하다. 인생의 행복이란 이들 관계를 어떻게 조합하고 역할을 조정하느냐에 달렸다. 새로운 역할이 주어지면 그 이전에 쏟았던 시간과 에너지를 줄인다. 예컨대 퇴직 후엔 직업인보다는 사회인·가정인·유인(遊人)의 역할을 더욱 확대해야 한다. 이런 역할을 미리 준비할 필요가 있다. 직장동료를 대신할 별도의 사회적 네트워크를 만든다. 또는 즐겁게 시간을 보낼 대상을 찾고, 창조성을 발휘하며 퇴직 후에도 가급적 배움을 지속한다.

평생현역은 직업이 같거나 연장선상에 있을 필요는 없다. 평생현역은 퇴직으로 일을 그만 두어도 열정을 쏟을 대상이 있다. 그는

4 중앙시사매거진(2014.5.19.)

개인이 원하는 일 또는 좋은 일을 하면서 인생을 뜻 깊게 마무리 짓는 것이다. 취미라도 자기인생을 충실히 하거나 정신적으로 풍요롭게 하면 훌륭한 평생현역이 된다. 평생현역의 출발점은 자신을 개조하는 데 있다. 자기의 숨은 능력을 찾고, 퇴직 후에 내놓을 자신의 소질이 무엇인지 꼼꼼히 분석해야 한다. 자신의 자원을 신뢰하고 잘 포장하는 것도 중요하다.

든든한 인맥은 자신을 포장해 채용기회를 넓히는 것에 크게 도움이 된다. 미래학자 피터 드러커가 말한 '더블 커리어'가 대안이다. 퇴직 후에 자신의 경력 절정기에 다음 커리어를 준비하는 것은 노후의 위험도를 줄인다. 인생 3모작 시대에 은퇴 후 일할 수 있는 능력이 최대 관건이다. 과거의 지나친 일 중심에서 벗어나 자신에 대한 투자와 시간을 늘려 '가늘고 길게' 사는 커리어 계획을 수립해야 한다.

제4부

인생 후반부의 멋진 관리

어떻게 늙어가야 하는 지를 아는 것은 슬기의 걸작이요, 삶이라는 위대한 예술에서 가자 어려운 장이다.

- H.F. 아미엘

01. 가정복귀와 부부 간 생활

많은 사람들은 은퇴 준비하면 은퇴 자금을 생각한다. 하지만 인간관계는 그것 보다 훨씬 중요한 준비사항이다. 오늘날 대부분의 남성관계는 직장 중심으로 돌아간다. 가정은 잠시 쉬다가 출근하는 공간이 되어 버렸고, 다른 관계들은 엉성하다. 남성들은 은퇴 후 대부분의 시간을 가정과 사회에서 보낸다. 인간관계를 재정립하고 새로운 관계를 맺는 것은 이민 가는 것과 같은 문화적인 충격을 줄인다. 남성들이 은퇴 후 준비가 턱없이 부족한 것이 심각한 문제이다.

한국보건사회연구원의 2011년 조사를 보면, 여성 72%가 "늙은 남편 돌보는 게 부담스럽다"고 대답했다. 한국에서 여성들은 모임·친척 등 주변과 관계 중심으로 살아왔다. 남성들은 직장 중심으로 살아와서 은퇴 후 인간관계에 대한 준비가 부족하다. 인생 후반기 남성들은 가정과 사회에 신입사원의 마음으로 재취업한다는 생각을 가져야 한다.

2012년 1월에 조선일보와 삼성생명이 공동으로 은퇴를 앞둔 전국 40~50대 남녀 500명에게 평소 부부 간 대화시간을 조사했다. 대상자 중 하루 30분 미만이라는 응답이 42%, 30분~1시간이라는 대답이 29%였다. 남성들은 평균 은퇴 후 21년 이상 매일 많은 시간을 부부가 함께 보낸다. 이 경우에 남편들은 우선 아내의 생각을 이해할 필요가 있다[1].

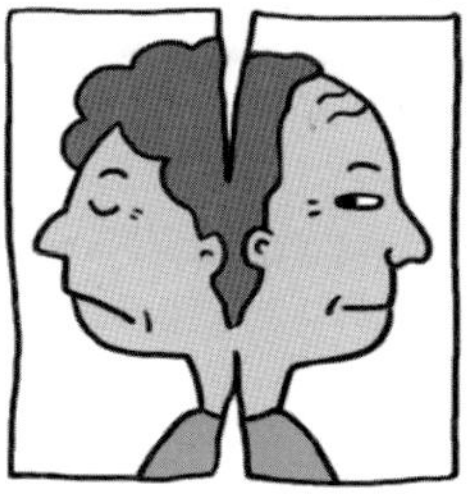

2015년 삼성생명 은퇴연구소의 조사결과, 50~60대 남편 외벌이 가구 중에 비은퇴 부부 100쌍과 은퇴자 부부 100쌍 등 총 400명을 상대로 전화 면접조사를 시행했다. 조사 결과, 비은퇴자의 아내는 남편의 은퇴 후 예상되는 어려움으로 '남편의 끼니 챙기기'를 1순위(25%)로 꼽았다. 그러나 정작 은퇴남편을 둔 아내들은 같은 질문에 '남편의 잔소리'라고 답한 비중이 19%로 가장 높았다. 실제 은퇴자의 아내들은 부부 간 정서적으로 부대끼는 것에 더 많은 어려움을 느꼈다. 은퇴 후 남편을 가장 힘들게 하는 사람은 자녀라고 응답했다. 반면에 비은퇴자의 아내는 '부모님'(14%)을, 은퇴자의 아내는 '배우자'(18%)를 선택했다. 은퇴 부부의 경우 남편은 함께 있을 때 가장 즐거운 대상으로 60%에 달하는 비율이 '배우자'를 꼽았다. 그러나 아내들은 37%만이 '배우자'를 꼽았고, '친구나 이웃'(29%), '자녀'(26%)가 그 뒤를 이었다. 은퇴 후 남편의 아내 의존도가 아내의 남편 의존도보다 상대적으로 높다.

은퇴 후 소득활동을 누가 하기를 원하는지에 대한 질문에 비은퇴자 남편의 상당수(75%)는 은퇴 후에도 자신이 하기를 원한다고 답했다. 반면, 비은퇴자의 아내는 과반 이상인 58%가 자신도 소득활동에 참여하겠다는 의향을 보였다. 실제 은퇴남편이 아내의 소득활동

1 조선비즈(2012.2.3.)

을 기대하는 비율은 27%로, 비은퇴 남편보다 6%포인트 높았다. 반면, 은퇴자의 아내는 소득활동 참여의향이 46%로, 비은퇴자의 아내의 참여의향 비율(58%)보다 낮았다.

은퇴 후 가사 일에 대한 비은퇴자 부부와 은퇴자 부부의 인식도 달랐다. 비은퇴자의 아내 과반수 이상인 59%가 가사 일은 계속 자신이 맡기를 원한다고 답했다. 비은퇴 남편도 57%가 은퇴 후 가사노동에 적극 참여하려는 의향을 보였다. 그러나 실제로 은퇴한 부부들은 가사일 대부분(77~78%)이 아내의 몫이라고 답했다. 은퇴 전의 부부들은 은퇴 후 상대 배우자가 맡았던 역할을 분담하겠다는 마음이 있어도 막상 은퇴한 부부들은 기존의 역할을 고수하는 경향이 강하다.

부부 갈등과 은퇴증후군의 질병

한국인의 퇴직 연령은 평균 53살이며, 65세 정년까지 일한 비율은 7.6%로 10명 중 1명도 채 되지 않는다. 다가오는 100세 시대에 은퇴 후 부부가 함께 여생을 보낼 시간이 길어지고 있다. 이러한 변화에 잘 대처하지 못하고 갈등을 겪는 부부들이 많다. 은퇴남편을 둔 부부 사이에서 발생하는 마찰을 해결하지 못한다면 극단적인 경우 황혼이혼으로도 이어질 수도 있다.

30년의 직장생활 끝에 동료들로부터 축하를 받으며 은퇴한 A씨는 가정으로 돌아와 부인의 위로와 축하를 기대했다. 하지만 부인 입에서 나온 첫마디는 '에휴' 하는 한숨이었다. 아내는 집안에서 소일하는 A씨에게 '다른 일자리는 언제부터 알아보느냐?' 벌써부터 닦달했다. 회사에서 전무의 직책에 오르기까지 소처럼 일하느라 가정에 소홀했다는 A씨는 "은퇴 후 인생 제2막을 부인과 단란하게 보내고 싶었는데 벌써부터 틀어진 것 같다"며 시운함을 드러냈다.

B씨의 남편은 은퇴생활 후 3개월 차 있던 남편이 반갑지 않았다. B씨는 자식농사를 다 끝내고 이제야 자유를 만끽하고 싶었다. 남편은 집안일에 갑자기 관심이 많아진 건지 하나부터 열까지 잔소리가 많았다. 아내가 바깥 일을 보러 나갈 때면 '내 밥은 어떡하냐'는 말과 함께 B씨를 종종 따라다녔다. 특히 외출 후 1시간 만에 B씨의 남편은 '어디 갔느냐'부터 시작하여 '빨리 와라'로 끝나는 전화를 계속했다. B씨는 "남들은 은퇴하고 황혼신혼을 보내는 중이냐고 물어보던데, 난 남편 얘기만 들어도 두드러기가 나는 기분이다."라며 말했다. "오랜 직장생활 이후 지쳐 가정으로 돌아온 남편이 안쓰럽긴 하지만 각자의 생활을 구분해야겠다고" 불만을 토로했다.

은퇴증후군은 은퇴한 남편들이 가정으로 돌아와 적응하지 못하는 것을 호소하는 것이다. 많은 은퇴자들이 사회적 지위와 함께 '경제활동 인구'라는 역할을 상실해 위축감과 우울감, 의욕저하와 같은 부정적인 감정을 느끼고 있다. 특히 직장 내 높은 지위에 있었거나 사회생활 경력이 긴 남성일수록 은퇴로 인한 상실감이 더욱 크다. 은퇴자 아내의 고충도 대단하다. 50~60대 아내의 입장에서는 아이들 뒷바라지도 끝났고 이젠 내 인생을 즐길 만하다 싶었다. 그런데 집안에 들어앉은 남편을 챙기고 남편의 빈번한 잔소리에 마음이 답답할 수밖에 없다. 이를 빗대어 '남편살이'라는 신조어까지 유행하고 있다. 아내가 은퇴 남편을 돌보느라 스트레스 강도가 높아지면서 몸이 아프고 신경이 날카로워지는 '은퇴남편 증후군' 증세를 호소하는 경우도 비일비재하다. 은퇴남편 증후군은 심한 경우 우울증, 불면증, 위염, 두드러기 등 다양한 증상을 동반한다.

은퇴한 남편을 둔 50~60대 아내들은 밥 세끼를 집에서 챙겨 먹는 남편을 가리켜 '삼식이', 은퇴 후 하는 일 없이 빈둥거리며 모든 것을 아내에게 딱 달라붙어 의지하고 귀찮게 구는 '젖은 낙엽족'이라 칭한다. 상당수의 남자는 사회생활 경력이 길어질수록 인간관계가 좁아져 회사와 집밖에 모르는 바보가 돼간다. 그에 비해 대부분의 여성들은 자녀가 성장하면 양육의 일선에서 물러나 외부와의 교류가 활발해진다. 상호 간 이런 차이점 때문에 '나 없이는 밥도 못 먹을' 남편을 귀찮게 여기는 부인도 많다.

황혼부부 간 배려와 이해 중요

은퇴기에 행복한 부부관계를 유지하기 위해서는 부부 간 서로의 노고를 인정하고 격려한다[2]. 퇴직 후 남편은 그 동안 바깥일에 고생한 것을 아내에게 위로를 받고 싶다. 아내 역시 남편을 내조하고 자식을 키우며 바쁜 남편의 빈자리를 채우느라 동분서주 했다. 부부가 상대방의 은퇴 전 상황을 이해하고 위로하지 못하면 당연히 상대에게 서운해진다. 남자는 은퇴 후에 달라진 가정 상황에 맞도록 부부 간 새로운 역할을 정립해야 한다. 은퇴 이후 부부가 어떤 방식

2 세계일보(2015.11.6.)

으로 경제적 필요를 충당하고 가사노동을 분담할 것인지 충분히 의논하는 것이 중요하다. 은퇴 부부가 함께 취미를 공유하는 것도 좋은 방법이다. 이 경우에 자신보다 먼저 상대방의 취향을 배려해 취미를 선택하여 함께 할 필요가 있다.

가장 중요한 것은 부부 사이에 대화시간을 늘리는 것이다. 부부 간 대화는 서로에 대한 이해를 넓혀야 늘어난다. 남편 역시 무조건 위로받고 그간의 수고를 인정받으려 하기보다는 아내가 남편과 함께 평생 수고했음을 인식하는 것이 중요하다. 아내는 은퇴 후 극심한 상실감에 시달리며 새로운 생활에 적응하려고 애쓰는 남편을 이해해야 한다. 부부는 상호 간 배려와 존중, 이해가 가장 중요한 사이이다. 서로 이해하고 존중한다면 은퇴자 부부의 갈등의 불씨는 애초에 쉽게 해결할 수 있다.

02. 성공적인 재취업 전략

일반적으로 직장인들은 인생에 세 번의 정년을 맞는다. 제1의 정년은 타인이 정년을 결정하는 고용 정년, 제2의 정년은 자기 스스로가 정하는 일의 정년, 제3의 정년은 하나님의 결정에 따라 세상을 떠나는 인생 정년이다. 고용 정년을 맞았더라도 일의 정년까지는 무언가 일이 필요하다. 경제적 이유는 물론 건강을 위해서도 일을 찾는 시대에 살고 있다.

> **❀ 재취업 성공의 전제조건 📖**
>
> ❶ 현업에서 최고의 달인이 되라.
> ❷ 이모작은 현업의 연장이라고 생각하라.
> ❸ 자신의 전문성을 확인하라.
> ❹ 평생 직업을 찾아라.
> ❺ 날마다 성장하라.

종신고용제가 유지되고 평균 수명이 짧았던 시절의 직장인들은 한 직장에서 정년까지 무사히 근무하였다. 여성들도 안정된 직장에서 정년까지 근무할 수 있는 남성을 훌륭한 결혼상대자로 생각했다. 정년퇴직 후 남은 인생은 그다지 길지 않기 때문에 퇴직금으로 어느 정도 노후 자금을 충당했다. 자녀들도 교육만 받으면 부모들의 노후를 책임져야 한다고 생각했다. 그러나 IMF 이후 종신고용제가 급격하게 붕괴되면서 직장인이 행복했던 시대는 끝났다. 회사를 몇 군데 옮겨서 근무해도 50세가 넘으면 고용정년을 걱정할 수밖에 없는 상황이다.

한국보다 먼저 이런 경험을 한 미국이나 일본의 직장인들은 젊은 시절부터 후반부 인생설계에 대해 많은 관심을 갖고 준비한다. 노후자금을 마련하기 위한 자산운용 설계에 앞서 생각할 것은 생애설계이다. 그들은 고용정년 후 30년 이상의 기간을 돈을 좀 더 벌기 위한 인생, 자기실현을 위한 인생, 사회에 환원할 인생 중에서 선택하거나, 세 인생들을 병행하여 살지 진지하게 생각한다.

노후생활 자금이 충분하지 않다고 생각하는 사람은 체면을 버리고 굳은 일에 가까운 일자리라도 찾는다. 직장근무 시 해보지 못했던 일을 하기 위해 소규모 사업을 시작하는 사람도 있다. 일의 정년이라고 판단되는 나이까지는 무언가 돈벌이가 되는 일을 하겠다는 것이다.

이 점에 있어서는 우리나라도 마찬가지이다. 고용정년 후에 모자라는 생활비를 벌고 건강을 위해서 일을 찾고 있다. 문제는 지금과 같이 청년실업이 넘쳐나는 현실 속에서 정년퇴직자가 재취업을 한다는 것은 실제로 어렵다. 누구나 특별한 마음가짐과 노력이 필요하다.

눈높이 낮추고 주특기 만들어야

✻ 첫째, 재취업의 중요성에 대해 확고한 인식을 갖는다.

퇴직자 대부분은 퇴직 후에 어떻게 되겠지 하는 막연한 생각으로 적극적인 재취업 활동을 하지 않고 몇 개월을 보낸다. 그 동안에 소득이 줄어들어 경제적인 압박감과 가정 및 사회에서 자기 존재감의 상실을 경험하게 된다.

뒤늦게 재취업 활동에 뛰어들어 보지만, 공백 기간만큼 취업은 더 어려워진다. 주위에서 재취업에 성공한 사람들을 보면, 경력 공백이 길어질수록 재취업이 더욱 힘들어진다는 걸 안다. 그래서 퇴직 전부터 적극적으로 구직 활동을 해왔다는 공통점을 발견한다. 재취업에 대한 강한 의지가 재취업 성공의 가장 중요한 요소이다.

✽ 둘째, 눈높이를 낮추는 일이다.

오늘날 청년실업이 넘쳐나는 시대에 재취업을 하기 위해서는 기본적으로 젊은 세대가 할 수 없는 일, 혹은 하려고 하지 않는 일을 찾아야 한다. 그러다 보면 결국 궂은 일이 많고, 이전과 똑같은 일을 하는데도 급여는 종전보다 적다. 그런 경우에 자신의 가치가 떨어진 게 아니라 전 직장에서 연공서열에 따라 공헌도 이상으로 받았던 금액을 못 받게 된 결과이다.

✽ 셋째, 내세울 수 있는 주특기를 갖는 일이다.

퇴직자를 채용하는 회사들은 그 사람이 과거 직장에 대한 직책보다는 어떤 일을 잘할 수 있느냐를 중요하게 여긴다. 재취업을 한다고 무작정 동분서주하는 것은 의미가 없다. 자신이 잘할 수 있는 일이 무엇인지를 객관적으로 파악하고, 그에 적합한 직종과 업종을 정해서 효율적으로 구직활동을 한다. 마땅히 내세울 만한 주특기가 없는 경우에 주특기를 만들 수 있는 재교육을 받는다.

✽ 넷째, 자신의 장점이나 주특기가 잘 드러나는 이력서를 작성한다.

재취업하려는 퇴직자들의 이력서를 살펴보면 장차 담당할 업무조차 제대로 파악하지 못하는 경우들이 많다. 자신의 주특기, 담당업무 및 과거 근무성과를 상세하게 기재한다. 채용기업에서는 채용 후에도 이전 직장에서 이룬 성과 이상을 달성해 줄 잠재력이 있는지 면밀히 검토할 것이다.

✽ 다섯째, 적극적인 구직 활동이다.

퇴직자들에게 재취업은 어렵고 시간과 노력이 소요된다. 따라서 체계적인 계획과 전략을 갖고 적극적으로 노력해야 한다. 현역시절에 구축해 놓은 인적 네트워크와 다양한 인재은행, 시니어 워크넷, 실버 취업과 같은 특화된 채용 사이트 등을 통해 적극적인 구직노력을 한다.

젊은 후배들에게 조언자 될 것

재취업한 후 마음가짐이 중요하다. 시간이 지나서 후회하기보다는 사전에 마음가짐을 확실히 하고 일을 시작한다.

*** 첫째, 재취업한 직장을 종전직장과 비교하여 함부로 비하시켜서는 안 된다.**

대기업에서 근무하다 중소기업에 재취업하게 되면 그 회사의 시스템이나 시설이 크게 뒤떨어져 있다. 대기업에서는 자기가 맡은 일만 열심히 하면 됐는데, 중소기업에서는 심지어 화장실 청소도 할 수 있다. 대기업 시스템에 익숙한 사람에게는 이해가 되지 않는다. 그러나 중소기업이 업무처리 측면에서 효율성이 더욱 뛰어날 수 있다. 이 점을 충분히 이해한 후에 이전 직장과 비교해야 한다.

*** 둘째, 사소한 비용도 꼭 필요한 것인지 따져보고 지출한다.**

1990년대 이후 세계적인 추세는 소유와 경영이 분리된 대기업보다 가족경영 기업의 우위성이 주목을 받고 있다. 가장 큰 이유는 가족경영 기업의 주인들이 회사 돈을 자기 돈처럼 생각하기 때문이다. 인간은 남의 돈을 쓸 때 자기 돈을 쓸 때처럼 아끼지 못한다. 공공기관이나 대기업에서 각종 비용지출에 낭비가 많은 이유가 바로 여기에 있다.

정년 후 재취업을 하게 되는 영세한 중소기업은 대부분 가족경영 기업이다. 이들 회사의 주인 또는 사장은 회사 돈을 자기 돈처럼 생각한다. 대기업에서는 당연하게 지불되는 경비까지도 아끼는 경향이 있다. 대기업에 근무하다가 재취업을 하는 사람들은 이런 점에 유의해야 한다. 물정 모르고 낭비한다는 말을 듣지 않도록 조심한다.

✻ 셋째, 젊은 후배들에게 경쟁자가 아니라 조언자가 된다.

재취업한 회사에서 후배들이 해결하지 못한 일을 자신의 인맥이나 경험을 통해 해결해 준다. 그러면 고마워하기 보다는 오히려 경계의 눈초리를 보인다. 후배들은 '자기 무능이 드러나는 것은 아닐까', '저 사람이 내 자리를 차지하는 것은 아닐까' 하는 마음을 가질 수 있다. 따라서 자신의 공적을 과시하고 싶은 마음을 억제하고 소리 없이 도와주도록 노력한다. 자료 작성 같은 사소한 일도 스스로 해결해서 후배들에게 도움이 되는 존재가 되어야 한다.

03. 경제적으로 건강 돌보기

인생의 후반기에 몸이 굳어가는 것은 몸을 안 썼다는 증거이다. 사람이 마흔이 되면 심부름을 시킬 사람은 증가하나 직접 몸을 움직여 할 일이 크게 줄어든다. 인간은 경제적, 시간적 여유가 생기면 스스로 행동을 줄인다. 시니어로 나이가 들어감에 따라 안락한 자동차 이용을 좋아하며, 버스나 지하철에서 자리양보의 기회를 찾는다.

시니어들은 집에서 편안한 소파에 누워서 스포츠 인기경기를 생생한 TV로 시청하는 것을 좋아한다. 반면에 젊은이들은 야구장에서 실제 자기편 응원단과 함께 응원하며 관람하는 것을 실감나게 즐겁다. 시니어들은 경기장 방문과 대기시간을 아끼며 집에서 TV로 즐기는 것이 경제적 이득이라 생각한다. 인간의 몸은 규칙적으로 쓰고 관리해야 건실하고 튼튼하다. 인생 후반부에 경제적으로 쉽게 신체건강을 유지하는 방법들은 무엇일까?

좋아하는 운동경기는 몸으로 즐겨라

운동은 직접 배우고 몸소 즐겨야 재미있다. 이를 테면, 격투기로 목숨을 걸고 끝장까지 가는 운동경기라면, 몸소 겪을 때 참 즐거움을 느낀다. 몸으로 즐기는 것이 힘들기에 즐길 권리를 제한하는 것이 아니다. 오히려 신체적으로 건강하기 위해서는 운동을 즐기는 것이다. 인간의 몸은 운동하지 않고 가만히 있으면 약해지고 병든다. 몸이 힘들지만 즐기며 운동하는 사람에게 신체적인 건강이 주어진다.

집단운동은 마무리 시간을 짧게 가져라

시니어로서 규칙적으로 적당하게 하는 개인운동들은 좋다. 혼자서 운동하는 것이 재미가 없으면 단체운동을 찾는다. 등산모임, 걷기 클럽, 축구모임, 자전거 동호회가 기다려진다. 보통 가입절차도 쉬우며 사회적인 건강에도 도움이 된다. 남들을 의식하면 운동량도 많아지고 규칙적인 운동도 가능하다. 그런 장점을 무시할 수 없으나

이면에는 큰 단점도 숨어있다.

집단적으로 운동한 후에 마무리가 짧지 못하며 오히려 해악이 더욱 크다. 주위에서 운동을 한 후에 피로를 과식과 음주로 푸는 경우가 있다. 술을 마시고 음식을 즐기기 위해 운동을 핑계 삼는 것과 다름없다. 사람들은 인간관계나 직장승진을 위해서 사장의 취미인 운동을 부득이 하는 경우도 있다. 그런 경우에도 운동은 그 의미에 적합해야 운동의 가치를 느끼고 몸도 건강해진다.

집안 심부름을 시키지 말고 본인이 직접 하라

시니어 가장의 집안이면, 그 자녀들도 심부름을 싫어할 나이가 된다. 가정의 평화를 지키고 화목하기 위해서 싫어하는 자녀에게 무조건 심부름을 강요해서는 안 된다. 자녀를 심부름에서 해방시키고 동등한 인격으로 대우하는 것이 좋다. 이것을 보고 자녀들도 스스로 생활을 잘 관리하며, 솔선수범하는 부모한테서 소중한 인생교훈을 배운다. 일상적인 생활을 위해서 주변 가게, 편의점 위치 및 세탁소 운영시간 등도 미리 알아둔다. 직접 하는 사호한 집안일들이 가정행복에 도움이 되고, 몸을 건강하게 만든다.

운동은 주중에 하고, 주말에는 휴식을 취하라

시니어들은 주말의 시간을 자기 마음대로 조정할 수 있다. 주말은 회사에서처럼 강제하거나 타인에 의해서 관리되는 시간이 아니다. 주말운동은 규칙적인 운동에 장애가 되기 쉽다. 주중의 컨디션 때문에 미루거나, 누적된 피로 속에서 하는 주말운동은 역효과가 있다. 시니어가 주말에 가족의 행복시간을 운동이란 구실로 경시하는 것은 현명하지 못하다.

주중에 하는 규칙적인 운동의 효과가 좋고 즐겁다. 이를 테면, 주중에 걷기 운동을 매일 30분씩 하는 경우와 주말에 2시간 30분 지속하는 경우를 생각한다. 이 경우를 비교하면, 주중에 규칙적으로 운동하는 것이 효과가 크고 중요하다.

계량적인 목표를 세우고 정기적으로 평가하라

어떤 목표를 세우고 운동하는 것은 싫고 귀찮다. 목표설정은 운동 효과를 극대화하기 위해서 불편하나 가장 좋은 방법이다. 특정운동에 코치를 두고 체계적으로 배우고 관리하는 것은 비용도 들고 현실적으로 곤란하다. 단지 기분에 따라 달라지는 운동효과는 결과를 올바르게 확인하기 어렵다.

목표를 두지 않고 측정하지 않는 운동은 단순한 놀이나 유희에 불과하다. 몸무게를 줄이거나 일정한 거리를 걸어서 주파하거나 매일 적정한 칼로리를 소모하겠다는 목표를 세운다. 이러한 목표설정과 평가는 일정시간 하는 운동에 따른 성취감을 가져온다. 이것은 더욱 정신적인 위안과 자신감을 가져와 몸과 마음의 건강성을 증대시킨다.

04. 보람찬 자원봉사활동에 참여

2011년 11월 4일 오전 7시, 직장인들이 늦잠을 즐기는 일요일 아침부터 장한영 씨(58)는 출근 준비로 분주했다. 장 씨의 일터는 서울 동대문구 서울시립동부병원이다. 그는 지난해 말부터 이 병원에서 하루 8시간씩 무연고 환자들을 돌본다. 장 씨가 돌봐야 하는 병원 308호실의 환자 대부분은 침대에서 스스로 몸을 일으키지 못하는 중증환자들이다. 그는 환자들에게 제 시간에 맞춰 약을 먹이고 몸이 굳거나 욕창이 생기지 않도록 마사지를 해주고 대소변을 받아낸다.

장 씨가 담당하는 12명의 환자를 모두 돌보려면 잠시 짬을 내어 휴게실을 다녀오기도 어렵다. 퇴근할 때면 손발이 떨릴 정도로 고된 일이다. 하지만 은퇴 후 방황했던 시간을 생각하면 장 씨는 지금이 가장 만족스럽다. 장 씨는 "은퇴 뒤 집에만 있었던 시기와 비교하면 나를 필요로 하고 기다리는 사람들이 있는 지금이 참 행복하다"고 말했다.

자원봉사로 제2의 전성기

중견 무역회사를 다니던 장 씨는 2006년을 인생에서 가장 힘들었던 시기로 꼽는다. 그가 임원으로 있었던 무역회사가 그해 자금난으로 파산했다. 52세의 나이에 생각지도 못하게 은퇴자 대열에 합류하게 되었다. 그는 재취업 일자리를 알아봤지만 파산회사의 중역이라는 굴레에서 벗어나기는 어려웠다.

경제적으로는 큰 부족함이 없었지만 준비 없이 찾아온 은퇴를 받아들이지 못했다. 그러나 그는 재취업을 위해 직업전문학교를 다니며 보일러기능사, 건축도장기능사 등 닥치는 대로 자격증을 취득했다. 하지만 20년 이상 사무직으로 일했던 50대 은퇴자에게 선뜻 일자리를 주는 곳은 없었다. 설상가상으로 장 씨는 직장을 잃은 그해 성격 차이로 오래 동안 불화를 겪었던 부인과 이혼했다. 갑작스러운 은퇴와 이혼으로 직장과 가정을 모두 잃은 장 씨는 한동안 충격에서 벗어나지 못했다.

마음의 안정을 되찾은 것은 직장을 다니던 시절 성당을 통해 장애인시설 봉사활동을 했던 경험을 살려 2009년 노인요양시설에서 요양사로 일하기부터였다. 장 씨는 남을 돕는 일을 하면서 내가 놓인 상황을 인정하고 현재 위치에서 즐겁고 행복하게 지내는 길이 무엇인지 깨달았다. 그는 봉사활동을 통해 스스로를 더욱 소중히 여기게 되었다. 장 씨는 아예 노인요양보호사 자격증을 따고 지난해부터 서울동부병원의 요양사로 일하기 시작했다. 이발사 자격증도 취득해 주말에는 한 달에 두 번씩 노인들을 대상으로 무료 이발봉사까지 했다. 봉사활동으로 직장에 다닐 때보다 더 바쁜 시간을 보낸다. 그는 주변에서 '예전보다 훨씬 건강해 보인다'는 말을 많이 듣고 있다. 장 씨는 쉴 틈 없이 빡빡한 일정이지만 생활의 활기를 되찾고 몸도 건강해졌다.

장 씨는 은퇴한 뒤 일거리를 찾고 있거나 퇴직을 앞둔 예비 은퇴자들에게 "욕심을 조금 낮추면 은퇴 후의 삶이 훨씬 풍요로워진다"고 조언했다. 그는 "줄어든 수입만큼 지출을 줄이고 눈높이를 낮추면 퇴직자가 할 수 있는 일은 적지 않다"며 "특히 은퇴자의 경험과 도움을 필요로 하는 곳은 얼마든지 있다"고 말했다.

성공적인 자원봉사를 위한 4가지 조언

조언 방향	착안점
관심사를 먼저 파악하라	보람을 느끼고 오래 지속하는 봉사활동 선택
경험과 전문성을 활용하라	봉사활동을 통한 경력개발의 기회 확보
새로운 것을 배우는 기회로 받아들여라	변화환경에 대한 도전정신의 필요
다른 사람들과 소통하라	많은 사람을 만나는 것이 봉사 활동의 매력

자료: 삼성생명 은퇴연구소

정서 안정과 건강 유지에 도움

2011년 사회복지 자원봉사 통계연감에 따르면 지난해 국내 8,810개 자원봉사관리센터에 등록한 자원봉사자는 492만 859명에 이른다. 2006년 자원봉사자 수가 128만 7,235명에 불과했던 것에 비하면 3.8배 수준이다. 이 가운데 50대 이상은 21만 4,292명으로 전체 자원봉사자 수의 4.4%에 그쳤다. 특히 60대 이상 자원봉사자 수는 7만 5,889명으로 모든 연령대를 통틀어 가장 적었다. 일본의 60대 이상 고령층의 자원봉사 참여율이 28.5%, 미국(65세 이상)이 14.3%에 이르는 것에 비하면 크게 낮다. 이처럼 국내 은퇴자들의 자원봉사 참여가 낮은 것은 선진국보다 연금제도 등 사회복지제도가 덜 발달되어 노후준비가 부족한 탓이 크다.

어느 정도 경제적 기반을 가진 은퇴자는 자원봉사나 사회공헌형 일자리를 찾는 것이 성공적인 노후생활을 보내는 데 큰 도움이 된다. 퇴직 후 사회와 단절됐다는 자괴감으로 정서적 불안을 겪는 은퇴자들이 상당수에 이른다. 그들이 사회봉사형 일자리나 봉사활동을 통해 새로운 사람들과 어울리고 보람을 느끼는 것이 좋다. 자원봉사는 은퇴 후 건강을 유지하는데도 도움이 된다. 실제로 미국 캘리포니아대가 65세 이상 은퇴자를 대상으로 연구한 결과, 은퇴 뒤 자원봉사 활동을 하는 것이 사망위험을 크게 낮춘 것으로 나타냈다.

성공적인 자원봉사를 위해서는 사회생활을 통해 쌓아온 경험을 활용할 수 있는 분야를 선택한다. 자신의 전문 분야를 살려 '재능기부'에 나서는 것도 좋은 방법이다. 선진국에서는 자원봉사나 재능기부가 사회공헌형 일자리로 이어지는 사례가 많다. 은퇴자들이 경험이나 관심을 살려 적극적으로 자원봉사에 나서면 경력을 개발할 수 있는 기회가 많이 주어진다.

05. 거주지 선택과 부동산 자산의 관리

은퇴 후 주거에 대한 사전 준비

주거는 인간이 삶을 유지하는 데 필수적인 의식주의 3대 요건 중 하나이며 비용이 가장 많이 소요된다. 주거 안정은 노년기 행복한 노후생활의 기본 전제조건이다. 즉, 노년기의 집은 노후 삶의 대부분이 이루어지는 환경이다. 그리고 모든 노후 생활의 지원서비스가 모이는 핵심공간이어서 노후 개인의 건강과 안정적인 생활에 많은 영향력을 끼친다. 은퇴 전에 주거를 마련하는 것이 다양한 재무목표 중 가장 큰 비중을 차지하고 재산증식의 방안으로 활용될 수 있다. 인생 후반부에 은퇴 후 사는 주거형태는 일반주택, 노인주거복지시설, 노인의료복지시설로 크게 구분한다. 세분하면 노인주거복지시설에는 양로시설, 노인공동생활가정, 노인복지주택 등이 있으며, 노인의료복지시설은 노인요양시설과 노인요양공동생활가정으로 구분 한다[3].

노인주거복지시설은 주로 주거에 초점을 두고 건강관리 등은 생활 편의로 제공되는 형태이다. 우리나라에는 1990년대 이후 설립

---

3 한국보험신문(2015.5.11.)

되었으나 선진국에 비해 유료시설이 부족하고 입주금과 생활비 부담으로 일부계층이 주로 이용한다. 노인의료복지시설은 주거시설을 기본으로 하면서 치매, 중풍 등 노인성 질환이 있는 고령자에게 의료복지를 전문적으로 제공한다. 한편, 실버타운은 고령자인 부부나 단독세대가 모여서 거주하고, 주거의 질과 생활지원서비스가 구비된 양로시설과 노인요양시설이 결합된 형태이다.

일반적으로 은퇴 후 주거는 오랫동안 지역사회와 연결이 지속되고 안전한 일상생활이 가능한 살아 왔던 집(일반주택)이다. 2013년 미래에셋 은퇴연구소가 60대 은퇴자들의 이주여부를 조사한 결과, 대다수인 68.4%는 다른 곳으로 이주하지 않았다. 실제로 은퇴자들이 집을 줄이거나 주거비가 적게 드는 지역으로 이주하지 않고 있다. 이주한 은퇴자들 가운데 24.6%만이 주택 면적을 줄였으며, 주택가격을 낮춘 은퇴자들도 33.1%에 불과했다. 아직도 많은 시니어들이 노후에 손녀손자 온다고 여러 개의 방을 준비하는 생각에 사로잡혀 있다.

실상 주택가격은 등락을 반복하는 특성을 가지며 무조건 주택가격이 상승한다는 생각은 버려야 한다. 일본의 경우 오랜 불황과 2005년부터 시작된 인구감소가 맞물려 8채 중 1채인 800만채가 빈집으로 남아있다. 우리나라 60세 이상 가구의 부동산평가액(실질가격)은 2006년 2억 7,000만원에서 2012년에 2억원으로 25.9%가 하락했다. 이제 보유한 주택가격이 상승하여 노후에 재정적인 보탬이 된다는 생각은 아주 위험하다.

따라서 은퇴 후 주택은 부부가 거주하는 데 불편함이 없는 수준으로 줄이는 것이 좋다. 주택을 축소하여 생긴 차액으로 주택연금 등 상품을 이용하여 노후소득에 보탬이 되고, 관리비와 세금도 줄어 생활비도 적게 든다. 선진국에서는 '에이징 인 플레이스'(Aging In Place)를 추천한다. 이것은 '내 집에서 노후를 보내자'로, 노인의 건강 상태나 경제여건이 변해도 자신이 살았던 지역공동체에서 계속 거주하며 필요한 서비스를 제공받는 생활방식이다. 하지만 건강악화 혹은 배우자 사망을 고려하여 은퇴 전 살던 일반주택에서 노인전용 주거도 고려할 필요가 있다.

은퇴 후 주거지에 대한 고민

인생 후반부에 은퇴자들은 주거지역에 대한 고민이 많다. 기존 주거지에 정착하거나 새로운 터전에서 삶을 다시 찾는 경우도 증가한다. 은퇴자들은 자신이 우선 어느 지역, 어떤 용도, 어느 규모, 얼마 가격으로 살 것인지 검토해야 한다. 인생 후반부에 지속적인 사교와 여가활동을 선호하면 도심지역이나 신도시에 정착하는 것이 좋다. 맑은 공기와 쾌적한 환경을 원한다면 접근성과 편리성이 확보된 신도시 주변이나 도심외곽의 전원주택을 더욱 좋아한다. 은퇴 후 소득이 지속적인 사람들은 전원주택을 선호하며 귀농도 고려한다. 최근에는 쾌적하고 편리한 도심형 단독주택을 선호하는 은퇴자들도 늘고 있다. 주택과 상가가 혼합된 주택형 근린상가를 구입해 일부의 월세소득을 부족한 노후생활 자금으로 활용하려는 퇴직자들도 많다.

인생 후반부를 생각하는 은퇴준비자는 아파트를 구입할 때 통풍, 채광 및 조망을 중요하게 고려한다. 주거 면적은 은퇴자의 재산상태와 가족 규모에 따라 다르나 소형화가 대세이다. 소형화 선호 추세라고 해도 단지 기존 면적에서 약간 작은 평형대로 옮기는 것이 대부분이다. 무엇보다도 은퇴 후 부족한 노후생활 자금으로 편안한 생활을 영위하려면, 가계소득 중 소비지출 비율에서 상당부분을 차지하는 주택부분을 고민해야 한다. 어떤 주택에서 생활하느냐에 따라 은퇴 이후, 생활의 방향과 질이 결정된다. 지금부터라도 다양한 시각으로 자신의 노후생활 패턴을 고려해서 주택 구입을 미리 설계하는 것이 은퇴준비를 위한 가장 큰 투자이다.

2010년도 한국갤럽과 부동산114 조사를 보면, 대도시 40세 이상 성인의 43%는 현재 거주지와 비슷한 도심지에 있는 20평 이하 소형주택에서 은퇴 후 생활하기를 희망했다[4]. 응답자들은 은퇴 후 희망 거주지역으로 도시 내 주거지역 19.0%, 시내 중심지 14.8%, 시 근교 신도시 15.8%, 이주계획 없음 14.4%로 대답해 도심이나 현 거주지 인근지역에서 사는 것을 선호했다. 서울·부산 등 7개 특별·광역시 거주자들은 편의시설 접근성을 고려하여 은퇴 이후 '시외곽(33.8%)'보다는 '도시내 주거지역(21.1%)'이나 '시내 중심지(21.4%)'

[4] 내일신문(2010.12.28.)

를 꼽아 도심 선호도가 42.5%로 나타났다. 반면에 중소도시 거주자의 43.1%는 거주희망 지역으로 현재 사는 곳과 거주 여건이 비슷한 '시 외곽지역'을 선정했다. 은퇴 후 거주할 주택 규모로 응답자의 51.3%가 '60m^2(20평)대 이하'를 선택하여 소형주택을 선호했다. 오늘날 은퇴 이후 전원생활을 고집하는 성인들이 늘어 세대별 가치관과 추구하는 생활방식에 따라 원하는 거주 환경이 달라지고 있다.

은퇴 후 주거계획 ABC원칙

삼성생명 은퇴연구소는 2011년 '은퇴 후 주거계획 보고서'를 통해 100세 시대를 맞아 은퇴 후 살 집을 결정하는 데 있어서 'ABC 원칙'을 제시했다.[5]

❀ 첫째, 자기 집에서 노후(Aging in place)를 보내라.

A는 '자기 집에서 보내는 노후(Aging in place)에 대해 대비하라'는 것이다. 은퇴자들이 자신의 집에서 독립적인 생활을 꾸려가며 삶의 질을 유지하는 주거형태를 말한다. 노인요양시설은 자신의 집과는 반대되는 개념의 주거형태이다. 인생 후반부에 늙어서 독립적인 생활을 유지할 수 있는 장점이 있어 45세 이상 미국인의 86%, 한국 베이비부머의 76%가 선호하고 있다.

❀ 둘째, 부동산과 금융자산의 균형(Balance)을 맞춰라.

B는 '부동산과 금융자산의 균형(Balance)'을 뜻한다. 오늘날 60대 가구주의 자산 중 부동산 비중은 85.6%로 아주 높다. 이러한 부동산

5 경향신문(2011.9.22.)

에 자산이 너무 편중되는 것은 매우 심각한 상태이다. 불안정한 부동산보다는 매달 현금소득이 생기는 부동산의 연금화를 추구하는 것이 양호하다. 한국의 경우 40대 70.7%, 50대 78.6% 등 연령대가 높아질수록 오히려 부동산 비중이 높아지고 있다. 이러한 비중은 미국(32.9%)과 일본(39.5%) 등 선진국과 비교할 때 2~3배 정도 높다.

주택은 실상 가구원 수보다 방이 1개 정도 많은 형태가 적당하다. 한국에서 일반가정은 부모와 1~2명의 자녀로 보통 이루어진다. 결국 자식들이 성장해서 집을 떠나면 식구에 비해 커서 주택 과소비가 된다. '부동산의 연금화'는 주택 규모를 줄여서 여윳돈을 마련하여 일시납 즉시연금에 가입하는 방법이다. 예를 들어 7억원 짜리 아파트에 사는 60세 남성이 4억원 짜리 아파트로 옮긴다. 그리고 3억원을 일시납 즉시연금에 넣으면 다음달부터 134만원을 받을 수 있다. 집을 담보로 맡기고 생활비를 연금으로 받는 '역모기지론'도 대안이 된다.

✽ 셋째, 커뮤니티(Community)를 통해 사회적 고립을 피하라.

C는 '사회적 고립을 피할 커뮤니티(Community)를 찾으라'는 의미이다. 나이가 들어 거동이 불편해지면 자연스레 외부활동이 줄고 사회적으로 점차 소외된다. 나이가 들어도 다른 사람들과 어울릴 수 있는 지역에 주거지를 마련한다. 최근에는 일부 실버타운에서 수영장과 휘트니스 클럽을 인근 주민에게 개방하고 어린이집을 운영하는 등 고립된 노인들만의 커뮤니티에서 탈피하기 위해 노력하고 있다. 은퇴 후 주거지로 전원주택을 선호하는 사람들은 장차 몸이 불편할

때를 고려해 대중교통과 의료혜택에 대한 접근성도 고려해야 한다.

은퇴 후 부동산 자산의 관리

대부분의 사람들은 은퇴를 말할 때 노후생활 자금과 여가활동에 초점을 둔다. 실제로 인생 후반부 노후설계는 재무적인 준비와 비재무적인 준비를 균형 있게 맞추어야 한다[6]. 재무적인 준비는 은퇴 후 생활비와 의료비, 취미생활비를 마련하는 것이다. 비재무적인 준비는 취미와 여가, 가족관계, 사회활동과 건강 등을 말한다. 인생 후반부 설계를 하는데 많은 사람들이 생애설계에 대한 지식과 경험이 부족하다. 그래서 재산과 사회적 지위에 무관하게 모두가 막연한 불안감에 쌓여 있다.

특히 은퇴설계 시 가정경제에 가장 큰 영향을 주는 것은 부동산 문제이다. 한국 국민들 재산의 80%는 부동산에 치중한다. 2010년 가구당 자산은 평균 2억 7,268만원이며, 이중 부동산이 75.8%, 금융자산은 21.4%에 불과하다. 외국과 달리 한국은 연금제도가 활성화되어 있지 않아 은퇴 후 규칙적인 연금소득을 확보하기 어렵다. 따라서 부동산을 연금 자산화하는 것이 시급하다. 부동산을 많이 보유하지만 노후생활비와 의료비로 연결되기는 쉽지 않다.

부동산을 연금자산으로 활용하기 위해서는 부동산 규모를 줄이는 방법, 교외나 지방으로 이사하는 방법, 주택연금을 이용하는 방법 등이 있다. 상당수 은퇴 준비자들은 막연하게 노후에 전원주택에 살

---

6 조선비즈(2011.4.4.)

거나, 교외로 이사하면 되겠지 생각한다. 예를 들어, 전원주택만 보면 은퇴 후 생활을 하기에 상당히 많은 문제점이 있다.

어느 교장선생 부부가 실버타운에 살고 있다. 남자는 교장선생으로 은퇴한 후 평생의 꿈이던 고향 근처에 전원주택을 지어서 8년 정도 살았다. 하지만 지난해 아내가 병으로 시달리면서 전원주택의 악몽이 시작되었다. 남자는 고령으로 운전할 수 없어 아내의 통원치료가 점점 힘들어졌다. 그래서 아내를 위해 노인병원이 있는 실버타운으로 옮겼지만 입주금을 마련하지 못해 3개월 동안 단기 입주를 했다. 매달 받는 공무원연금은 생활비로 실버타운에 고스란히 지급했다. 이제 와서 전원주택이 쉽게 매매가 되지 않았다. 교장 선생은 자신에게 맞지 않는 노후주거 계획으로 인해 고통은 더욱 커졌다.

40~50대들에게 은퇴 후에 살 곳을 질문하면, 막연하게 전원주택, 실버타운, 시골 등에 가서 살겠다고 대답한다. 그러나 조금만 고민해도 은퇴 후 거주할 곳을 선택하기 어렵다. 은퇴생활은 60~70대 초반까지의 활동기, 70대 중반~후반까지의 회고기, 80대 전후의 간병기로 구분된다. 실제로 전원주택은 활동기에는 지내기 좋지만 회고기나 간병기에 생활하기가 매우 어렵다.

만약 70대 중반의 부모가 쓸쓸하게 외딴 시골의 전원주택에서 은퇴생활을 하면 자식들의 고민은 커진다. 수시로 부모를 차에 태우고 도시 병원에 다녀야 한다. 혹시 갑작스럽게 아프면 어쩌나 하면서 노심초사하며 생활한다. 전원주택에 거주하는 노인들이 너무 외롭거나 질병에 자주 시달리면 도시의 종합병원이나 자식 집 근처로 많이 이사한다. 은퇴 후 실버타운에 살겠다는 말 역시 현실적이지 못하다. 다양한 실버타운이 지어지지 않으며 수많은 노인들이 집단생활을 하기 때문이다.

은퇴문화가 잘 발달된 미국은 한국과는 매우 다른 모습을 보인다. 우선 상당수가 은퇴를 열렬하게 기다리며, 은퇴 후 생활에 대하여 호기심과 긍정적인 인식을 가진다. 은퇴는 크게 고민할 주제가 아니라 남처럼 따라서 하면 된다. 일단 은퇴하면 자신이 20대 초반 취직하면서 가입했던 개인연금과 기업연금에서 상당한 돈을 찾는다. 중산층의 경우 무려 30~40년 동안 연금저축을 해왔기 때문에 수십만 달러의 노후자금이 있다. 게다가 자녀를 키우면서 살던 집을 팔고 실버타운의 노인전용주택으로 이사하여 몇 십만 달러를 더 마련한다. 미국 은퇴자들은 자신의 건강상태에 따라서 실버타운 내 단독주택이나 아파트를 선택한다. 거동이 다소 불편할 경우 집근처 간호시설에 입주한다. 실버타운 집들은 대부분 55세 이상 되어야 구입할 수 있다. 실버타운 중심에 센터가 잘 발달되어 있어서 은퇴자들의 교류가 활발하다.

한국은 역사상 최초로 자식들이 부모를 부양하지 않는 초고령화 사회를 맞이하고 있다. 2010년 기준 지난 수년간 서울 지역의 65세 이상 노인들의 64%가 경기도로 이사했다. 고향으로 가는 비율은 각 지역별로 2~3%를 넘지 않았다. 서울의 은퇴자들은 노후생활을 할 때는 1~2시간 거리가 되는 변두리로 주거지를 옮겼다. 그리고 부동산 가격차액으로 자식교육과 결혼에 필요한 자금을 대거나 자신의 노후자금을 마련하는 사람들이 많다.

이미 고령화가 많이 진행된 일본의 경우에 지난 20년간 주택가격이 65% 가량 하락하면서 노인들의 고통이 커졌다. 20~30년 전에 구입한 신도시 맨션에서 불편하게 살아가는 일본 노인들의 모습은 한국의 미래 모습을 보여주고 있다. 초고령 사회에 일부 부유한 노인들은 도심지역 작은 집을 구입해서 다시 돌아오고 있다. 외국사례들을 보면, 노후의 주거장소는 생활비가 적게 들고 자연환경이 양호하며 안전한 지역에서 생활하는 것이 좋다. 한편 노인들끼리 사는 집단 입주시설이나 요양원을 피하는 것도 고려할 수 있다. 더욱 큰 문제는 남편보다 평균 수명이 7년이나 긴 여성들의 거주방법이다. 노인 여성들은 남편이 사망한 집에서 혼자서 살다가 생의 마지막에 요양시설이나 노인병원에서 보낸다.

노후 주거계획을 구체적으로 고민할 필요가 있다. 많은 은퇴자들이 내놓게 되는 주택매물은 부동산시장의 근간을 흔들 수 있다. 주위 사람들과 단절되고 주위 환경이 삭막한 도심 아파트는 피하고 싶을 것이다. 은퇴 후 어디서 행복하게 살다가 생을 미감할 것인가는 모든 은퇴자 혹은 중장년층에게 고민스러운 과제이다.

06. 과도한 교육비의 관리

통계청이 발표한 2014년 국내 초·중·고등학교 사교육비 총액은 18조 2,000억원으로 계산되었다. 사교육비로 월 50만원 이상 지출한 학생 비중은 전체 학생의 26.3%에 달했다. 많은 사람들이 과도한 교육비 부담으로 인해 자신을 이른바 '에듀 푸어'(Edu Poor)로 생각하며, 이것은 심각한 사회문제로 대두되어 있다. 자녀들의 교육비와 양육비는 가계 지출 중 가장 많은 비중을 차지해서 부모들의 노후대비와 직결된다.

한국부모들은 자녀 교육에 관심이 커서 교육비 지출이 세계 최고의 수준이다. 경제협력개발기구(OECD)의 교육지표 조사결과에 따르면 우리나라 국내총생산(GDP) 대비 교육비 지출비율은 7.1%로 OECD 평균(6.1%)보다 훨씬 높게 나타났다. 더구나 민간 부문의 지출비율은 OECD 평균보다 3배 이상 높은 2.8%로 최고치를 기록했다. 만약 학원비와 음성적인 과외비까지 포함시키면 사교육비 비율은 OECD 평균의 5배 이상 될 것으로 추정되고 있다[7].

---

7 중앙일보(2015.8.27.)

따라서 자녀교육 투자에 못지않게 은퇴와 노후를 대비한 재무설계를 서둘러야 한다. 자녀의 교육비 지출은 총소득의 20% 이내로 하는 게 좋다. 중학교와 고등학교의 사교육비가 꾸준히 증가하는 상황을 감안할 때 자녀가 중학생이 되기 전에 적극적으로 노후 준비를 시작해야 한다. 대부분 가정에서는 부모가 자녀를 대학까지 교육시키는 것을 당연히 여기나 부모는 부담을 느낀다. '노후준비의 최대 적은 자녀 교육비'란 말이 있다. 그렇지만 노후준비가 없는 부모는 장차 자녀에게 짐이 되는 것도 사실이다.

에듀푸어이면 실버푸어 각오해야

과거에는 부모의 평균수명이 짧아 자녀에게 투자해도 그럭저럭 생활할 수 있었다. 조금 무리해서 좋은 학교에 보내면 좋은 회사에 취직했고 정년까지 안정적으로 근무했던 자녀가 부모를 봉양했다. 부모는 자녀의 성공을 위해 헌신했고, 자녀는 자신을 뒷바라지했던 부모를 봉양하는 아름다운 관계가 형성되었다.

지금은 과거와는 상황이 다르며 '리스크'란 단어가 사용되기 시작했다. 부모가 빚을 내서 사교육을 시키고 명문대학에 보내도 좋은 회사에 취직한다고 장담할 수 없다. 졸업 후에 자녀가 좋은 회사에 취업해도 정년까지 근무를 보장하지 못한다. 평생직장인 시대가 사라졌고 평생직업의 개념도 변화하고 있다. 성공의 보증수표였던 '사(士)'달린 직업조차 일자리가 줄고 있다. 이제 봉급생활자도 자영업자처럼 살아가야 하는 시대이다. 취직하여 결혼생활을 해도 여전히 독립하지 못해 부모의 도움을 받는 '캥거루족'이 넘쳐난다. 자식으로부터 봉양은 기대할 수 없고 늙은 부모가 성인 자녀를 평생 뒷바라지 하는 처지가 되었다.

옛날에는 자녀가 취직하면 평균 5년 정도 봉양을 받으면 되었다. 하지만 평균수명이 늘어난 100세 장수시대에는 자녀의 독립 이후에도 부모는 30년 이상을 살아야 한다. 그 기간 동안 자녀가 경제적인 지원을 해주면 좋겠지만 늙은 부모를 장기간 돌보는 것은 사실상 매우 어렵다. 부모세대처럼 자녀를 위해 모두 희생하고 자신의 노후를 책임져 달라는 것은 이젠 불가능하다. 어쩌면 자녀에게 노후 부담을 주지 않는 것도 훌륭한 부모이다. 그것이 자녀의 성공을 도와주는 길이다.

2012년 KDB산업은행 조사에 의하면, 서울시 50세 이상 장년의 43%가 자녀교육비의 부담이 노후준비 부족의 주된 요인이라고 응답했다. 따라서 부모가 자녀 교육에만 전적으로 집중하지 않는 것이 필요하다. '에듀푸어'로 살다간 '실버푸어'가 될 수 있다. 과외비 등 지나친 사교육비 지출을 줄이고 대신 노후를 대비하여 자신을 위한 투자를 늘리는 것이 필요하다. 자녀의 도움에 의지하지 않고 여유로운 삶을 꾸려가는 노후가 멋지고 존경스러운 인생이다.

교육비 투자 시기 대학 이후로

대부분의 부모는 자식이 태어났을 때부터 대학에 보낼 때까지 물심양면으로 지원을 아끼지 않는다. 그러나 막상 대학에 진학하면

등록금 이외에 학비명목으로 써야할 비용이 많아서 부모의 교육비 부담이 크다. 최근에는 취업이 어려워 대학원 진학률이 높아지고 의학대학원, 법학전문대학원 등 전문대학원이 생겨 교육연한이 전보다 길어졌다. 현재 중고생 자녀를 둔 부모세대에는 대학진학률이 20~30%에 불과했지만, 지금 세대는 76~84%가 대학에 진학하고 있다. 자녀의 교육비 투자시기를 중·고교 시기에 집중하기보다 대학을 염두에 두고 잡아야 한다.

특히 자녀를 해외에 유학 보내고 싶지만 막대한 유학비용이 가정경제에 큰 부담이라고 생각되면, 조기유학보다 자녀 적성에 맞는 학부유학을 계획하는 것이 좋다. 자녀적성에 따라 교사, 공무원, 법조인, 의사 등 국내에서 자격증 취득이 가능한 직업이라면 유학보다 국내에서 공부하는 것이 효율적이다. 유학이 필요한 분야를 공부한다면 그 분야가 발달한 국가에서 대학부터 공부한다는 전략을 세워 유학시기도 장기적인 안목에서 정할 필요가 있다.

노후준비는 필수, 자녀교육과 병행해야

사실 부모가 자녀교육을 지원하기도 벅찰 때는 노후준비에 대한 생각을 하는 것이 어렵다. 그래도 생활비를 면밀히 분석하여 자녀교육비, 주택비 및 노후준비 등 목적자금별로 항목을 정하고 예산을 분배해서 배정해야 한다. 배정된 예산은 특별한 경우가 아니면 전용을 하지 않는 것이 좋다. 따라서 노후준비는 자녀교육 시기와 병행하는 것이 바람직하다.

40대에는 자녀교육이 본격화되는 시기로 사교육비가 가장 많이 들어간다. 이 시기에는 사교육비와 주택담보대출 상환에 따른 과도한 재정부담으로 불안하게 사는 가구들이 많다. 40대에는 학원 및 보습교육으로 사교육비 지출이 크게 증가한다. 부모의 노후와 자녀의 교육비는 제로섬 게임이 아니다. 자녀의 사교육비 지출에 대한 실사구시적인 접근이 요구된다. 앞으로 40년 이상 남은 노후를 생각하여 노후를 자녀에 의지하지 않고 가정의 행복을 지키려면 현재의 과도한 사교육비를 줄이고 노후자금과 자녀의 대학자금으로 전환해야 한다.

우리나라도 결혼연령이 높아지면서 50대에는 자녀의 정규교육비가 정점에 달하는 시기가 되었다. 실상 50대에도 매년 교육비와 노후자금의 균형을 잡기 어렵다. 교육비 부담에 억눌리면 연금수령이 시작돼도 생활고에 빠지게 된다. 자녀의 대학입학 후에 학비를 준비하면 너무 늦다. 초중고 12년 동안 대학 학비를 미리 조금씩 대비하는 것이 좋고, 대학생 자녀도 스스로 학비의 일부를 준비하도록 부담을 나누는 것도 필요하다. 교육비 부담을 줄이는 대신 노후자금을 늘려야 하며, 60세 전후에는 필요한 노후자금의 70% 정도를 마련해야 한다.

노후준비의 핵심은 연금으로 국민연금과 퇴직연금이 필요하다. 두 연금 모두 가입자가 자신의 손에 들어온 생활비에서 연금을 직접 납부하지 않는다. 연금은 임금이나 퇴직금을 재원으로 하기 때문에 차곡차곡 쌓아 놓으면 노후준비의 상당부분을 해결할 수 있다. 여기에 개인연금 혹은 개인저축을 추가로 준비한다면 대단히 좋다. 하지만 생활비에서 덜어내 저축해야하는 부분이므로 결코 쉬운 일도 아니고 교육비와 갈등이 되는 부분이다.

자녀교육비 때문에 충분한 노후준비가 어렵다면 주택연금을 적극 고려할 수 있다. 자신이 소유한 주택에서 매월 일정한 금액을 연금으로 받을 수 있는 주택연금은 부부가 모두 60세 이상 되면 신청할 수 있다. 노후에 자녀에게 집을 상속하지 않겠다는 결심만 있다면 가능한 노후준비의 한 방법이다.

07. 비영리조직(NPO)의 사회봉사활동

인생 100세 시대를 맞아 '퇴직 후 30~50년 동안 무슨 일을 하면서 살아가야 할 것인가'에 대해 직장인들의 관심이 높다. 건강과 노후 생활비 때문에 그렇지만 보람 있는 후반부 인생을 위해서라도 퇴직 후에 할 일을 찾는 것이 다른 어떤 것보다 중요하다.

퇴직 후에 할 수 있는 일로는 크게 세 가지 유형이 있다. 다시 말해, 재취업을 해서 수입을 얻는 일, 사회공헌 활동 및 자기실현을 위한 취미활동이다. 대부분의 퇴직자들은 재취업하여 수입을 얻는 일을 희망할 것이다. 대다수의 직장인들은 자녀교육비와 결혼 자금, 조기 퇴직, 금리 하락 등의 영향으로 충분한 노후 자금을 마련하지 못한 채 퇴직하고 있다. 최근 들어서는 NPO 활동처럼 사회공헌 활동을 하며 약간의 소득을 얻을 수 있는 일에 대한 관심도 점차 높아 가고 있다[8].

비영리조직(NPO)의 개요

NPO(Non-Profit Organization)은 '민간 비영리 조직' 또는 '비영리 활동'으로 번역하며, '비영리'와 '비정부(non-government)'의 의미도 들어 있다. 정부로부터의 독립을 강조할 경우에는 NGO(Non-Governmental Organization)라는 용어를 사용한다. NPO 활동과 단순한 자원봉사(volunteer) 활동은 다르다. 일반적으로 자원봉사 활동은 100% 무보수 활동을 원칙으로 하는 경우가 대부분이다. 하지만 NPO 활동은 약간의 보수를 받는 경우까지 포함시킨다. 예를 들어 시간당 적정 임금 수준이 5,000원인데 2,000원을 받고 일하면, 그 차액에 해당하는 3,000원 만큼은 자원봉사로 본다.

아무리 자원봉사라 하더라도 100% 무보수로 오래 지속하기는 어렵다. 이 때문에 교통비와 점심 정도의 보수를 지급해서 능력 있는 자원봉사자가 장기간 활동할 수 있도록 도와준다. 미국에서는 NPO에서 일하는 사람들도 취업 인구에 포함시킨다. 현재 미국에는

8 한국경제매거진(2012.12.24.)

200만개 정도의 NPO가 활동하고, 여기에서 일하는 사람들이 전체 취업인구의 10% 정도를 차지한다. 그 정도로 미국에서는 NPO 활동이 일반화되어 있다. 앞으로 우리나라도 NPO 활동이 더욱 왕성해질 것으로 예상된다. 기본생활비 정도는 걱정 없는 정년퇴직자들이 약간의 수입을 얻으면서 사회공헌 활동을 하는 기회를 확대해야 한다.

NPO 활동의 혜택

미국 미시간대에서 실시한 '미국 베이비부머 세대의 퇴직 후 자원봉사 활동 현황조사'에 따르면 전체의 70% 정도에 이르는 퇴직자들이 자원봉사 활동에 참여하고 있다. 퇴직 이전에 자원봉사활동 경험이 있는 사람이 퇴직 이후에 더 적극적으로 자원봉사 활동에 참가한다. NPO는 원래 정부의 손이 닿지 않거나 민간 기업이 채산성 관계로 손을 대지 못한 분야를 무대로 해서 시작됐다. 1990년대 이후 NPO 혁명이라고 할 정도로 민간 기업으로부터 경영기법을 도입하고, 단순한 자원봉사의 영역에서 벗어나 어떻게 하면 수입을 올릴 수 있을까 생각하는 단계로까지 바뀌었다.

기업은 제1의 경영 목표를 이익 추구에 두고 그다음으로 고용 확대, 사회공헌 등을 실현하려고 한다. 반면에 NPO는 제1의 목표를 사회공헌에 두면서 고용 창출과 이익 확보도 중요하게 생각한다. 미국에서는 NPO의 사회적 지위가 높아져 정부, 민간과 더불어 제3의 경제주체로 자리 잡고 있다. 정년퇴직자는 물론 대학졸업자들의 NPO 진출도 늘고 있다. 미국의 주요 직업란에 보면 NPO라는 직업이 있을 정도다.

일본도 1995년에 발생한 고베(神戸) 지역의 대지진 피해를 계기로 NPO의 활성화를 위해 많은 정책이 생겼다. 대표적인 사례는 1998년에 '특정비영리활동촉진법(NPO법)'을 제정·시행한 것이었다. NPO법은 민법의 특별법으로 의료·복지·교육·환경·문화·재난구호 등 20개 분야에서 비영리 활동을 하고자 할 경우 10명 이상의 참가자가 필요하다. 그러면 기본재산이 없더라도 간단한 수속을 거쳐 특정 비영리활동 법인의 자격을 취득하도록 도와준다.

물론 NPO법이 제정되기 전에도 일본에는 재단법인, 사단법인, 사회복지법인 등과 같이 법인격을 갖고 비영리 활동을 하는 단체들이 많았다. 이들 법인은 설립절차가 복잡할 뿐 아니라, 설립 시 상당한 금액의 기본재산이 있고 정부규제로 인해 활동하는 데 많은 제약을 받는 등의 문제점이 있었다. 이런 문제점들이 사회적인 이슈로 크게 부각된 계기가 고베 대지진이었다. 대지진 발생 후 재해복구 작업을 하는 데 정부와 전통적인 공익법인들은 이렇다 할 공헌을 하지 못했다. 이에 비해 '풀뿌리 NPO' 또는 자원봉사 단체들이 눈부신 활약을 했다. 당시 그런 상황이 계기가 되어 일본의 정책당국, 학자, 정당, NPO 관계자들이 의견을 모아 NPO법을 제정했다.

NPO의 역할, 퇴직자들에게 일자리 제공

NPO가 법인격을 취득하면 계약의 주체가 되고 사회적인 신용도가 높아진다. 수탁사업, 정부보조금, 기부금을 받거나 공적 시설을 이용하기 쉽다. 이런 이유로 일본에서 2012년 3월 기준 법인인증을 받은 NPO가 4만 5,000개에 이를 정도로 활발하게 설립되었다. 정년퇴직을 한 베이비부머 세대는 물론 20~40대 젊은 세대들도 설립주체가 되거나 NPO활동에 참여한 사례가 증가하고 있다.

활동분야를 보면 보건·의료·복지 관련이 36%, 환경보전 11%, 문화예술 11%, 지역발전 10%, 아동건전육성 9%, 사회교육 6%, 국제협력 4% 등으로 돼있다. NPO법인을 지원하는 NPO도 전국에 322개나 되며, 금융NPO의 설립도 늘고 있다. 그런 사례들은 환경, 사회적 사업, 지역진흥 등의 비영리분야에 자금을 공급하는 비영리 금융기구(NPO Bank) 등이다. NPO의 기본재산은 500만엔(약 6,500만원) 미만이 전체의 60% 정도를 차지하여 설립에 따른 자금부담은 그리 크지 않다.

NPO법인의 수지상황도 호전되고 있는 것으로 나타났다. 일본정책금융공고(日本政策金融公庫)가 2011년 가을에 실시한 NPO 법인실태조사 결과에 의하면, 3,500개 조사대상 법인 중 70%가 흑자를 기록했다. 수입내역을 보면, 간병 서비스료 등 사업성수입이 평균 90% 정도를 차지하며 기부금과 회비수입의 비율은 8% 정도에 불과했다. NPO법은 대부분 기부금에 의해 운영될 것이라는 일반의 통념과는 다르다. 연간 평균수입은 3,300만엔(약 4억 6,000만원)으로 1억엔(약 14억원)을 넘는 NPO도 7%에 달했다.

한 가지 주목할 것은 유급직원을 고용해도 문제가 없을 만큼 충분한 자금을 보유한 NPO법인이 증가하고 있다. 유스비전의 2009년 전국 조사결과에 의하면, 유급직원의 60% 정도가 20~30대였다. NPO법인이 젊은 세대에게 일자리까지 제공하고 있다. 대기업에 들어갈 실력이 있는 젊은이가 NPO 법인에 취직하고 있다. NPO법인에서 실력을 쌓은 뒤 벤처기업을 창업하는 등 다양한 인생 설계가 가능하다.

저출산·고령화 시대가 되면서 수요가 있어도 공공기관 혹은 일반기업에서 감당할 수 없는 일들이 많다. NPO는 이런 수요에 대응하여 다양한 서비스를 제공하므로 매우 중요하다. 이제 NPO는 단순한 자원봉사활동 차원을 넘어 사회공헌에 뜻이 있는 퇴직자들과 젊은 세대에게 일자리를 제공하고 있다.

우리나라에서 몇 년 전부터 현역에서 물러난 전문가들이 NPO를 설립하거나 이미 설립된 단체에서 왕성한 활동을 하는 사례가 늘고 있다. 예를 들어 어려운 이웃을 위해 새로 집을 지어주거나 수리를 해주는 NPO의 경우는 본부 상근직원 50명 중 10명이 정년퇴직자들이다. 전직 건축설계사무소장, 건설회사 임원, 대기업 계열사의 홍보담당 간부, 은행 준법감시인 등으로 매우 다양하다.

NPO 활동의 좋은 점

NPO법인이 정년 퇴직자를 고용하면 좋은 점이 많다. 우선 일을 하는 데 전문성이 있으며 젊은이에 비해 상대적으로 고용도 안정적이다. 30~40대는 직장을 구하기도 어렵지만 입사했다가 금방 떠나는 경우가 많다. 그러나 정년퇴직자들은 안정적으로 근무하며 책임감도 강하다. 무엇보다 은퇴자들은 NPO활동을 생업으로 여기지 않기 때문에 적은 비용으로 전문가를 활용할 수 있다. NPO법인은 일주일에 3일 정도 일하는 봉사자들에게는 교통비로 매월 100만원 정도 지급한다.

앞으로 우리나라에서도 NPO활동이 더욱 왕성해질 것으로 예상된다. 경제력이 커지고 사회가 성숙하면 NPO의 역할이 그만큼 확대될 수밖에 없다. 기본생활비를 걱정하지 않는 정년퇴직자들이 약간의 수입을 얻으면서 사회공헌활동을 할 수 있는 기회가 늘어난다. 직장인들이 현역시절에 쌓은 전문성을 인생 후반부에 사회공헌 활동으로 활용하는 '평생현역'시대가 오고 있다.

08. 시니어 선교활동에 참여

시니어(Senior)는 40~60대 은퇴 후 노후생활을 보내는 사람이다.

시니어 선교사는 그 시기에 하나님의 선교사역을 위해 헌신하는 사람들이다. 은퇴한 크리스천들은 고령화 사회가 등장함에 따라 일반인들보다 하나님께 영광을 돌리며 의미 있는 노후생활을 보낼 수 있다. 크리스천 시니어들이 가진 재능과 물질, 인맥들과 경험, 지식, 그리고 영적인 은혜들은 예수님이 주신 선물이며 달란트이다. 남들이 경험하지 못한 것들과 전문적인 지식들, 사회 및 교회생활에서 만났던 인맥들은 정말 소중하고 큰 보배들이다. 크리스천들이 자신의 달란트를 배가할 수 있는 '이모작 인생'을 사는 것이 중요하며 가치가 있다.

시니어 선교사의 좋은 점

과거에 많은 장기선교사들은 30-40년 거의 생의 전부를 선교지에서 보냈다. 지금은 선교사들이 10년, 혹은 20년 사역하는 것이 쉽지 않다. 한 통계에 의하면 선교사의 평균 사역기간은 8년으로 드러나 있다. 그래서 60세에 선교지에 들어가도 평균 사역기간은 8년 정도면 충분한 상황이다. 시니어 선교사들은 젊은 선교사들에 비해서 더욱 안정적으로 사역할 수 있다. 그 이유는 시니어 선교사는 어느 정도 자녀교육과 양육문제로부터 자유롭다. 젊은 선교사들은 자녀 출산, 부양이나 교육 때문에 쏟는 시간이 너무 많다. 시니어 선교사의 장점은 젊은 선교사보다 상대적으로 사역에 더욱 집중하는 데 있다.

시니어들은 어느 정도 재정적인 여유를 가지고 있는 경우가 많다. 시니어 선교사가 연금 혹은 노후저축을 갖고 있다면, 크게 선교

후원비에 의존하지 않아도 된다. 최근에 한국 교회성장의 둔화 및 경기악화의 영향으로 선교비 모금과 후원자 확보가 이전보다 더욱 어렵다. 시니어 선교사들은 그간의 경험과 지식, 전문성이나 기술을 선교지에서 활용할 수 있다. 세계 각국에서 선교의 문이 닫히는 상황에서 현대선교는 다양성과 전문성을 요구한다. 이런 의미에서 시니어 선교사들은 한 평생 기술과 전문성을 생업으로 가지고 살아와서 현대선교에 가장 좋은 자원이다.

선교활동 중의 어려움

시니어들은 고착된 사고나 권위의식을 지적할 때가 많다. 그것은 수직적 관계 중심의 사고를 가진 한국 문화에서 젊은 선교사들에게 부담을 주는 요인이다. 시니어 선교사들은 섬기는 자세와 조력자의 입장을 가지는 것이 더욱 좋다. 시니어 선교사들이 이를 배우고 용납하며 젊은 사역자의 배후에서 지원하는 겸손과 지혜가 있다면 좋은 협력 관계를 이룬다. 시니어 선교사들이 기본적인 선교자세에 대하여 훈련을 받는 것이 필요하다.

시니어 선교사가 사랑과 섬김의 자세를 갖고 있으면, 오히려 선교팀의 사역이 안정되고 분쟁을 줄이는 장점이 있다. 선교사의 어린 자녀들에게는 가족적인 분위기를 제공할 수도 있다. 이제 시니어 및 젊은 선교사가 단일팀을 이루어 상호보완적인 협력자로서 사역하는 패러다임 변화가 요구된다. 이를 위해서는 시니어 선교사들이 자발적으로 노력하며 교육훈련도 받아야 한다. 시니어 선교사의 약점은 언어학습이나 환경에 적응하기 어려운 점이다. 건강문제로 자주 귀국해야 하는 경우도 있다. 이제 선교사가 젊고 강해야 선교지에서 살아남을 수 있다는 주장은 설득력이 없다.

50년 전만 해도 30세만 넘으면 선교사로 지원할 수 없는 단체들이 많았다. 당시에는 젊은이가 아니고는 선교지 현장의 어려움을 이길 수가 없었다. 선교지의 다양한 질병, 풍토병 및 의료시설이 없는 현지상황에서 실제로 시니어 선교사들의 사역은 곤란했다. 미개발국가의 대중교통서비스, 교통망이나 통신서비스도 매우 열악했다. 현재에도 어떤 교단 혹은 선교단체에서는 선교 지원자의 나이를 40세로 제한한다. 그러나 지금은 선교지 여건과 상황이 많이 변화되고 개선되었다. 대부분의 선교지에 의료시설이 있으며, 의료시설이 없는 곳에서 중병에 걸린 경우에 비행기 후송이 가능하다. 지금은 시니어 선교사들이 현지에서 사역할 수 있는 제반 여건들이 조성되었다. 시니어 선교사들은 지금까지 자기중심으로 성공을 위해 달려온 인생이었다. 그러나 인생 후반기는 하나님께로부터 받은 자신의 달란트를 하나님 나라를 위해 사용해야 더욱 가치가 있다.

기존 시니어 선교사들은 선교 단체를 통하지 않고, 개인친분을 통하거나 혹은 개교회의 파송으로 나가는 소위 '나홀로 선교'가 많다. 시니어 선교사들은 워낙 그들이 가진 삶의 경험과 기술과 전문성이 다양하다. 이러므로 지원자에게 적합한 선교지역을 찾기 위해서는 선교단체의 정보를 가진 통합적 컨설턴트 기구가 필요하다. 시니어선교 지원자가 어느 지역, 어떤 선교단체, 어떤 사역을 할 수 있는지 상담 및 연결하는 작업이 절실하다.

시니어 선교사의 활용방법

세계 도처의 선교지에는 다양한 전문성이 필요하다. 기독교 선교는 전통적으로 목회자가 교회개척 및 설립에 집중했다. 지금은 목회자들의 방문이 허용되지 않고 직접적인 교회개척이 불가능한 지역들도 많다. 이러한 창의적 접근지역에서는 최근 비즈니스를 시도하는 선교사들이 많다. 파송단체의 한국본부에서는 오랫동안 비즈니스 경험을 가진 담당자가 현지의 선교사들을 돕고 있다. 선교사들에게 비즈니스 아이템을 소개하고, 사업에 대하여 자문하여 한국 사업가와 연결시켜 준다.

실제로 많은 비즈니스 경험을 가진 사업가도 외국에서 사업을 성공시키기는 힘들다. 하물며 비즈니스 경험이 전혀 없는 선교사가 사업을 성공하기는 더욱 어렵다. 이의 해결방안으로 기존 선교사그룹과 비즈니스 그룹 간 팀을 통하여 협력사역하는 방법이다. 선교지에 있는 선교사가 계획하는 분야에 경험 있는 시니어들을 발굴하여 서로 연결시킨다. 이것은 현지에서 비즈니스를 더욱 성공적으로 운영할 수 있고, 위험성도 많이 줄일 수 있다. 비즈니스 그룹은 주로 비즈니스에 주력하고, 선교사 그룹은 선교사역에 중점을 두면서 상호 간 사역에 서로 도움을 주는 상생적인 선교사업이다. 이 때 선교사는 비자, 거주권 및 정체성 문제를 해결할 수 있다. 비즈니스 그룹 역시 기존 선교사 그룹들로부터 현지 사회적응과 현지어 통역 등의 도움을 받는다. 시니어 선교사들은 업종에 따라 단기 혹은 장기로 동역하며, 국내·외 선교지에서 동역할 수 있다.

비즈니스 그룹 선교사의 사례

C국에서 10년 이상 사역한 선교사는 더 이상 체휴할 명분이 없어 어려움을 겪다가 한국식 간식코너를 개점했다. 그는 아무런 식당 경험이 없었기 때문에 처음부터 많은 어려움을 겪었다. 한국에서 식당 운영경험이 있는 시니어 선교사를 파송해서 식당기구의 구입, 실내장식, 음식재 구입 및 요리법 등을 전수하면서 약 3개월동안 식당 운영을 지원했다. 그 결과로 지금은 식당이 잘 되어서 동역할 사역자를 찾으며 비즈니스 선교를 시작했다. 이 경우는 선교사 본연의 사역을 협동 사역하는 비즈니스 동역자가 필요한 사례이다.

시니어 선교사는 이모작 인생에서 달란트의 비유를 생각할 수 있다. 인생 후반기의 50대 중반부터 선교사로 헌신하는 의미와 생명 있는 인생을 설계하는 것이다. 인생여정에서 하나님이 주신 은혜와 달란트가 소중하고 가치 있는 것으로 보여지는 것이다. 하나님이 크리스천에게 주신 재능, 물질, 인맥, 경험, 지식과 신앙들은 하나님의 선물이고 달란트이다. 이것을 활용해서 하나님께 영광을 돌리고 하나님 나라의 확장과 선교에 매진하는 예수님의 충성된 일꾼이 아주 필요한 시기에 살고 있다.

09. 지천명(知天命), 50세에 시작

50에 새로운 세상이 열린다

지천명은 쉰 살을 달리 이르는 말로 하늘의 뜻을 알게 된다는 말이다[9]. 쉰 살이라는 나이는 원숙한 아름다움을 상징한다. 영화로도 제작된 F. 스콧 피츠제럴드의 단편소설 "벤자민 버튼의 시간은 거꾸로 간다"에는 나이에 대한 성찰이 담겨 있다. 노인으로 태어나 점점 젊어지는 기이한 운명을 지닌 벤자민 버튼은 쉰 살의 외모를 지닌 스무 살 때 힐더가드라는 여인을 만나 그녀에게 구애를 망설인다. 그러나 그녀가 먼저 손을 내민다. "선생님 나이는 낭만적이에요. 쉰 살! 스물다섯은 너무 세속적이에요. 서른은 일하느라 바빠서 피폐해지기 십상이고 마흔은 담배 한대를 다 피울 때까지 끝도 없이 이야기를 하는 나이죠. 예순은… 아, 예순은 일흔에 너무 가까워요. 하지만 쉰 살은 원숙해요. 전 쉰이 좋아요."

하지만 정작 원숙함의 상징인 '50'이라는 나이를 아끼고 사랑하는 사람은 몇이나 될까? 20대는 시간이 시속 20km, 30대는 시속 30km, 50대는 시속 50km로 달린다는 표현처럼 남은 인생이 얼마 남지 않았다는 조급함에 오히려 발을 동동 구르지나 않을까. 이런 성

9 서울경제(2010.1.16.)

급함을 나무라듯 동양에서는 50이라는 나이를 '지천명'의 시기로 보고 있다.

공자는 만년에 논어 '위정편'에서 "나는 나이 열다섯에 학문에 뜻을 두었고(吾十有五而志于學) 서른에 뜻이 확고하게 섰으며(三十而立) 마흔에는 미혹되지 않았고(四十而不惑) 쉰에는 하늘의 명을 깨달아 알게 되었으며(五十而知天命) 예순에는 남의 말을 듣기만 하면 곧 그 이치를 깨달아 이해하게 되었고(六十而耳順) 일흔이 되어서는 무엇이든 하고 싶은 대로 하여도 법도에 어긋나지 않았다(七十而從心所欲 不踰矩)"고 했다. 하늘이 만물에 부여한 최선의 원리를 안다는 지천명은 '50세'가 성인(聖人)의 경지에 들어섰음을 의미한다.

"50세, 빛나는 삶을 살다"(에코의 서재 펴냄)를 쓴 에릭 뒤랑은 54세에 첫 저서를 내고 이렇게 말했다. "청춘을 끝내는 것은 항상 감당하기 힘든 애와도 같은 것이지요. 하지만 우리는 젊음이 가고 난 후에도 행복해질 수 있습니다. 핵심은 지금 이 순간을 건실하게 사는 거죠. 뒤돌아보지 않고 과거에 얽매이지 않고 사는 거예요. 나이에 대한 강박관념을 버려야 해요." 대부분의 사람들이 오해하는 것 중 하나는 나이 50을 인생을 정리하는 시기로 받아들인다. 그러나 전문가들은 '50세가 여전히 꽃을 피우고 열매를 맺는 삶의 과정이지 시들어가는 인생의 내리막길이 아니라'고 강조한다. 오히려 50대 이후부터는 보다 성숙해진 영혼으로 자신의 삶에 도전과 봉사라는 특별한 선물을 안길 수 있다는 것이다.

50에 새 인생을 열다

나이 쉰을 넘어 불꽃같은 삶을 살며 눈부신 성공을 이뤄낸 사례는 많다. 알프레도 히치콕은 61세에 영화 '싸이코'를 찍었고, 코코 샤넬은 71세에 세계 패션계를 다시 평정했다. 넬슨 만델라는 72세에 아파르트헤이트(남아공의 인종차별정책)에 종지부를 찍었으며, 스트라디바리는 83세에 전설의 바이올린 '스트라디 바리우스'를 제작했다. 코페르니쿠스는 근대 천문학의 토대를 마련하고 인류 과학사의 근간을 뒤흔든 저서 '천체의 회전에 대하여'를 50대에 집필하기 시작하여 67세에 발표했다.

우리 주변에서도 '50이라는 나이'에 인생의 전성기를 맞은 사람들이 있다. 경북 경산시 압량면사무소에서 청소·환경·장애인복지 업무를 담당하는 이인훈(50) 서기보는 9급 공무원으로 새 인생을 시작했다. 그는 대학 졸업 후 일간지 편집기자로 일하던 30대초에 사법고시를 준비하다 실패하여 40세부터 생계를 위하여 학원 강사로 일했다. 이씨는 43살 늦은 나이에 결혼하고 애까지 생기면서 가장으로서 안정적인 생활을 꾸려야겠다고 생각하여 선택한 것은 9급 공무원시험이었다. 2009년부터 공무원 응시연령 상한 제한이 폐지된다는 소식을 접하고 시험공부에 매진해 지난해 7월말 경북도 9급 지방공무원임용 공채시험에 합격했다. 올해 지천명의 나이를 맞은 이 씨는 "주변의 내 또래들은 벌써 직장을 그만두기도 하는 나이에 새롭게 시작한 것은 분명 뜻 깊은 경험"이라고 말했다.

해군 대령으로 예편하고 새 사업을 시작한 이차연(50)씨도 쉰 살을 맞는 소감이 특별했다. 군대에서 사회로 첫 발을 내딛은 지난 2008년 그 동안 관심을 뒀던 심리치료 분야에 뛰어들어 역삼동에 '누리보듬 심리상담연구소'를 차렸고 사업도 정상이 되었다. 이 씨는 취업컨설팅업체인 스카우트로부터 국방부 전직 컨설팅을 받으며 차근차근 취업 준비를 해왔다. 그는 "방위산업체로부터 스카우트 요청이 있어 고민했지만 결국 적성에 맞는 심리 상담을 선택해 제2의 인생을 시작하게 됐다"고 말했다. 그는 "대부분의 사람들이 변화를 두려워하나 자신이 진정으로 원하는 것을 얻으려면 변화를 피해서는 안 된다"고 강조했다.

박은숙(50) 씨는 20년 동안 전업주부로 지내다 어엿한 사장으로 변신했다. 박 씨는 2008년 5월 남편이 하던 인쇄사업이 고유가로 인해 어려움을 겪자 자신이 직접 사업에 나섰다. 여러 창업 아이템을 살펴보던 박 씨는 대중적인 서민 먹거리인 치킨이 경기에 덜 민감한 아이템이라고 판단하여 서울 천호역 부근에 '사바사바치킨호프'를 열었다. 박 사장은 "살림만 하다가 창업을 해 아직까지 완전히 적응되진 않았지만 내 힘으로 뭔가를 이뤄냈다는 성취감은 그 동안 맛보지 못한 특별한 경험"이라 말했다. 최근에는 평생직장 개념이 사라지면서 50대 전후의 시니어 창업이 늘고 있다. 나이 50에 뭔가를 시작하기에 늦었다는 생각을 과감하게 버리고 적극적인 자세로 창업에 임하는 것도 생각할 수 있다.

제5부

인생 후반부 대비 잘한 설계

인간은 너무 일을 많이 해서 망가지기 보다는 너무 쉬어서 녹슬어 망가지는 쪽이 훨씬 많다.

- 커넬 센더스

01. 사전설계 의미와 중요성

백년거송은 백년 동안 살아있는 하나의 큰 소나무이다. 백년거송도 하나의 씨앗에서 비롯되어 웅대한 자태로 하늘을 받치고 지나가는 사람들에게 든든함과 그늘을 제공한다. 은퇴투자는 처음에 보잘 것 없어도 시간에 지남에 따라 커져서 노후를 풍요롭게 만든다. 인생 후반부를 아름답고 행복하게 보내는 생활은 저절로 이룩되는 것은 아니다. 은퇴설계가 얼마나 중요한지 인식하고 미리 준비하는 경우에 달성되는 것이다. 우리의 생활에서 일단 은퇴설계의 핵심은 꾸준히 재무 설계를 실천하는 일이다.

인생 후반부의 중요성을 인지해도 삶을 계획하고 노후자금을 현실적으로 준비하는 것이 없으면 무용지물이다. 들판에 심은 씨앗이 잘 성장하려면 좋은 토양, 적당한 햇빛과 물이 필요하다. 인생 후반부도 인생 전반에 대한 재무를 좋게 설계하여 적합한 지출과 투자계획을 세워야 꽃을 피울 수 있다. 이를 위하여 연령대별 재정관리를 잘 하는 것이 마땅하다. 연령대별 중요한 목적자금을 준비하고 지출을 억제하면서 인생 후반부 자금을 마련해야 한다.

인생 후반부 설계는 단거리 경주가 아니라 장거리 마라톤이다. 장기간이 필요하기 때문에 연령대별 노후관리의 방식이 다르다. 연령대의 상황별로 실제적인 방법과 핵심요소를 잘 파악하여 대비하는 것이 무척 요구된다. 연령대별로 대부분 사람들은 유사한 고민거리와 사례들을 갖고 있다. 이러한 문제들을 전문가의 시각에서 조명하고 성공적인 노후설계를 위한 핵심방향을 잘 파악해야 한다[1]. 따라서 행복한 인생 후반부는 사전에 준비한 자들이 누릴 수 있고 품위 있는 인생 후반부 생활을 영위하게 된다.

02. 20대, 사회초년병의 은퇴 설계

초보 사회인 김동철의 생활 상태

지방에서 가족과 살았던 김동철(가명, 28세)씨는 취업한 지 1년 반이 지난 초보 사회인이다. 지금은 직장에서 월급 190만원 받으며 혼자 서울의 오피스텔에서 거주하고 있다. 보유자산은 월세보증금 2,500만원이 전부이며, 그 중에 부채는 신용대출로 얻은 700만원이다. 김동철 씨는 30대 중반에 결혼할 예정이며 결혼 전에 주택마련을 위한 기초자금을 어느 정도 마련하고 싶다.

김동철 씨는 직장 초년생으로 많은 재산과 빚이 없어 지금부터

---

1 고득성외 3인(2010), pp.185-234.

재무를 체계적으로 관리할 필요가 있다. 이 경우에 재무 설계를 잘 하면 노후자금 마련에 유리한 고지를 차지한다. 적은 수입과 지출도 목표를 명확히 세워서 돈을 잘 관리해야 한다. 20대 청년으로서 중·장기적으로 인생의 재무계획을 수립하여 공격적인 투자를 해야 주택마련에 필요한 종잣돈이 생긴다. 김 씨는 세후 소득의 20% 이상을 신용카드 대금으로 지출하여 과소비 경향이 있다. 통상적으로 소비자의 부채비율은 세금공제 후 순소득의 20% 이내로 통제하는 것이 좋다.

전문가의 실제 조언

20대 청년들의 재무관리에서 가장 큰 비중은 결혼비용과 전세(주택)자금 마련이다. 이에 너무 치중하여 살면 인생 후반부 자금준비를 소홀하게 생각한다. 따라서 노후를 위해 생명보험과 질병보험에 가입하고 노후투자를 시작하도록 전체적으로 저축액을 배분하는 것이 중요하다. 인생을 길게 내다보고 수입 일부를 은퇴용 금융상품에 미리 투자하면, 장기간에 걸쳐서 은퇴자금을 수월하게 마련한다. 상당수의 사람들은 은퇴가 시작되는 40~50대에 노후준비를 시작한다고 생각한다. 하지만 그 나이에는 현실적으로 노후자금에 대한 부담이 증가하여 허둥거리다가 충분한 노후자금을 마련하지 못한다. 따라서 하루 빨리 소비를 줄이고 저축액을 늘려서 새로운 투자를 시작해야 한다.

20대에는 수입액의 10%를 은퇴자산용 금융상품에 꾸준히 투자해야 노후에 여유롭게 생활할 수 있다. 이를 위해서는 수익률을 고려하여 금융상품을 선택하고 고수익과 안전상품을 혼합하여 금융 포트폴리오를 구성한다. 좋은 방안으로는 평생 확정수익과 세금우대가 보장되는 저축·연금 상품, 사망·질병 등 위험보장을 위한 필수보험, 고수익을 추구하는 주식형 펀드에 부산 투자하는 것이 바람직하다. 20대 김동철 씨는 사고 및 질병에 대비하여 수입액의 5~8% 정도를 의료비, 상해, 암보험에 투자하는 것이 좋다.

20대 청년의 금융상품 투자 예시

투자목적	투자정도	금융상품
결혼자금	수입의 10%	• 주식형 적립식 펀드
주택마련	수입의 20%	• 주택청약종합저축, 적립식펀드
노후대비	수입의 10%	• 세제적격 연금보험, 연금펀드 • 변액연금보험
보장자산	수입의 5~8%	• 정기보험, 의료실비보험

20대, 사회초년병의 은퇴설계 핵심

20대의 청년들은 은퇴는 자신과 상관없고 노력하지 않아도 돈을 저절로 모은다고 착각할 수 있다. 하지만 엄연한 사실은 "세월은 화살처럼 빠르게 지나가고, 계획과 노력 없이 돈은 절대로 모으지 않는다"는 것이다.

✻ 첫째, 지출을 통제하라.

20대에는 수입이 발생하면 지출도 관리해야 한다. 지출을 통제하지 못하면 청년시절부터 적자 인생이 되어 불이익이 발생한다. 특히 자신의 능력을 넘는 계속되는 지출은 사람을 순식간에 신용불량자로 만들 수 있다. 20대 젊은 시절에 과소비, 허영, 분에 넘치는 욕심을 잘 통제해야 인생이 풍요롭게 되고 행복한 노후를 맞이한다. 가급적 전체 부채원리금의 상환액이 세금공제 후 순소득의 20% 이상 되면 바람직스럽지 않다.

✱ 둘째, 투자비율을 증가시켜라.

핵심적인 노후자금 마련은 가급적 빨리 투자하데 있다. 소액도 일찍 투자하면 씨앗이 되어 복리라는 거름을 먹고 큰 돈 나무로 성장한다. 이를 테면, 연복리 7%를 가정하여 20대 초에 투자한 100만원은 40대 초에 투자한 387만원과 같고, 60대 초에 투자한 1,500만원과 동일하다. 20대에는 월급의 절반 정도는 저축(투자)할 것을 권한다. 주식 등 공격적인 투자의 비중은 100-자기 연령을 중심으로 투자성향에 따라 20% 정도 가감하면 된다.

✱ 셋째, 전문가의 조언을 받아라.

처음 사회초년병인 20대는 기존에 자신이 가진 소비습관 및 투자경험이 지속되기 쉽다. 20대에 대단히 중요한 일은 합리적인 소비와 적절한 투자방법을 아는 것이다. 이를 위해서는 경험이 많은 전문가와 주변 지인들의 조언을 듣고 처음부터 제대로 된 소비와 투자를 하도록 습관을 길어야 한다.

03. 30대, 초기 가장의 은퇴 설계

30대초 이만수 가장의 생활 상태

2년 전에 결혼한 이만수(가명, 33세)씨는 대기업 과장으로 근무하며 2명의 자녀를 두고 있다. 월급은 430만원으로 그 중 절반은 지출하며, 총자산은 전세보증금 1억 3천만원과 약 3천만원의 저축액이 전부이다. 1년 전부터 매월 13만원씩 납입하는 연금보험 외에 모든 여유자금은 주식에 투자한다. 요즈음은 경기가 좋지 않아 기존 주식 투자액이 모두 적자이다. 노후에 대비하여 41세까지 약 4억원 정도 자금을 마련하려고 계획하고 있다.

이만수 씨는 41세까지 8년 남았고, 약 4억원 목돈을 마련하자면 월저축액 200만원과 저금액 3천만원으로 연 16%의 수익을 올려야 한다. 이러한 금융수익율은 현실적으로 어렵기 때문에 목적자금에 대한 구체적인 계획 없이 무작정 큰 목돈을 마련하는 생각은 무모하다. 이제부터 이 씨는 우선 본인과 가족에 필요한 자금계획을 구체적으로 세워야 한다. 이만수 씨는 현재 대부분 주식투자에 집중하여 손실을 보고 있어 수익성만 고려한 주식투자를 고집하는 것은 좋지 않다. 아직 젊고 상당한 수입이 있으므로 매달 일정수입에서 여유자금 관리에 적합한 방식으로 돈을 관리해야 한다. 지금처럼 주식투자만 고집하면, 본업은 물론 업무에도 악영향을 미치며 손실이 발생할 수 있다.

따라서 이만수 씨는 먼저 일부의 목돈을 제외하고 증권에 무의미하게 투자하는 것을 삼가 한다. 직장인으로서 자기의 투자운용에 많은 시간을 할당하는 것이 어렵고 전문적인 주식운용능력도 부족하다. 이러므로 수익성이 좋지 않은 증권에 대한 직접투자를 지양하고 전문가에게 자산운용을 부탁하는 것이 좋다. 그래서 당장의 고수익보다 장기적으로 꾸준한 수익을 가져오는 펀드중심의 투자가 요구된다.

전문가의 실제 조언

대기업 과장인 이만수 씨는 환급이 가능한 금융상품을 채택하여 최대한 투자수익을 극대화한다. 30대는 인생전체에서 종잣돈을 마련하는 시기이다. 금융 포트폴리오 비중은 재무 목적별로 구분하여 주택마련 및 대출상황을 위해 수입의 20% 이내, 노후대비 15~20%, 기타목적 10%, 위험보장 5%씩 배분하여 저축 및 투자를 병행한다. 은퇴용 금융자산은 수입액의 68%를 위험자산(주식 비중)에 투자하고 나머지 32%는 안전자산에 배분하는 것이 좋다.

이만수 씨가 보장자산을 제대로 구비하지 못한 것이 취약점이다. 현재 30대로 수입이 좋아서 걱정 없다고 생각할지 모르나, 갑작스런 질병 혹은 상해에 대비하여 소득의 5~8%는 보장성보험에 투자하여 위험에 대비해야 한다.

30대 초기 가장의 목적자금 포트폴리오

목적자금	투자정도	금융상품
주택마련 대출상환	수입의 20%	• 주식형 펀드, 채권형 펀드 분산투자 • 장기주택마련저축, 적립식 펀드
노후대비	수입의 15 ~20%	• 세제적격 연금저축 • 뮤추얼 펀드, 변액연금
기타목적	수입의 10%	• 적립식 펀드
자녀교육	수입의 10%	• 적립식 펀드 분산투자
위험보장	수입의 5%	• 정기보험, 의료실비보험

30대, 중산층 가장의 은퇴설계 핵심

30대에는 주택마련과 자녀교육비로 목돈이 들어가고 생활비도 증가한다. 이러한 생활여건에서 노후자금 마련도 필요하여 생활이 복잡한 상황에 놓여 있다. 따라서 30대에는 실생활에서 만족스런 소비생활과 미래 노후자금의 마련을 위하여 적절한 균형이 매우 중요하다.

✻ 첫째, 재무상태를 먼저 점검하라.

자신의 자산과 부채상태를 잘 파악해서 목적자금과 노후설계자금을 마련한다. 이를 테면, 쓸데없이 낭비되는 지출상태 혹은 부채금과 그 상황방법이 적절한 지 점검한다. 자산의 투자방법과 보유자산의 정도를 정확하게 알아 자기상황에 적합한 노후 및 인생을 설계한다.

✽ 둘째, 부채를 잘 관리하라.

30대에는 주택마련을 위한 자금대출로 부채가 증가한다. 무리한 부채는 인생 후반부 설계와 생활에 많은 영향을 미친다. 전세자금과 주택구입 부채의 원리금 상환액은 총소득의 20~30%를 넘어서는 안 된다. 주택관련 이외에 투기수익 혹은 주식투자를 위한 대출은 고려하지 않는다.

✽ 셋째, 자신과 가족에 대한 보장자산을 활용하라.

은퇴설계는 근본적으로 자신과 가족의 행복을 위한 것이다. 행복한 생활은 언제라도 가족에게 닥칠지 모르는 위험에 미리 대처하는 것이다. 보장자산은 인생 후반부 생활에서 매우 중요한 부문을 차지한다. 따라서 30대에 보장보험 등 보장자산을 잘 파악하여 자신과 가족의 보장범위가 확대되도록 보장보험에 가입한다.

04. 40대, 고독한 중년가장의 은퇴 설계

40대 초반 박두식 과장의 생활 상태

박두식 씨(가명, 43세)는 중견기업의 과장으로 근무하며 결혼한 지 10년이 지났다. 아내(42세)는 교사로 근무하며 슬하에 초등학교와 중학교에 다니는 아들과 딸을 두고 있다. 이들 부부의 매달 수입은 약 700만원이 넘어서 생활하기에 다소 여유가 있다고 생각했다. 그러나 2년 전에 중학생인 딸의 공부를 위하여 학구열이 높은 지역의 조금 큰 집으로 이사하면서 문제가 발생했다. 전세금과 주택저축액을 합쳐도 부족하여 2억원 이상 주택담보대출을 받아 집을 구입했다. 최근에 집값이 하락하여 투자이익이 낮아져 매달 대출금상황으로 가계에 재정부담이 가중되었다. 실상 노후에 대비한 자금마련도 막막하여 미래가 불안전한 상태이다. 박 씨는 주택자금 대출금도 상환하면서 노후자금 마련도 고민해야 한다.

박두식 씨 가족은 주택장만 이후 겨우 빠듯한 살림을 하며, 대출이자와 원리금 상환으로 매달 50만원, 연간 600만원의 적자가 발생했다. 적자를 충당하고자 신용대출과 보험담보대출을 받아 오히려 적자액이 늘어났다. 박두식 씨는 고소득자로서 겉으로 여유롭게 생활하는 것 같지만, 실상 빚에 허덕이고 있다. 박 씨 가족은 월소득 710만원 중에서 260만원을 대출금 상환에 쓰고, 나머지 돈 중에서 매월 생활비로 360만이 나가 저축할 여력이 크지 않다. 자녀들이 고등학교 및 대학에 진학하면 교육비가 상승하여 자금부담은 더욱 커질 전망이다. 박두식 씨는 은퇴까지 19년 남아 노후자금을 확보하는 것도 매우 중요하다.

전문가의 실제 조언

과도한 부채는 박두식 씨의 은퇴설계에서 가장 큰 장해요소이다. 자산과 부채를 파악하면 박 씨의 재정상태를 구조 조정하는 것이 시급하다. 투기의 일환으로 재개발 아파트에 공동투자하여 자산규모는 점차 커졌다. 하지만 그로 인해 부채도 증가하고 고소득임에도 불구하고 은퇴준비는 되어 있지 않다. 소득이 많고 인생의 황금기인 40대에 투기자산에 몰두하는 것은 가정경제를 위태롭게 할 가능성이 크다. 당장 짭짤한 수입이 달콤하게 느껴지나, 그 수입이 사라지는 경우에 한탄하게 된다.

박두식 씨가 투자한 재개발 지분은 투자 당시보다 약간 상승하여 거래가 이루어지고 있다. 향후 전망이 불투명하므로 우선 재개발 지분을 처분해서 신용대출금과 예금보험담보 대출금을 갚아야 한다. 그러면 빚의 압박에서 조금이나마 벗어나게 된다. 박 씨는 두 가지 대출금을 상환해도 여전히 주택담보대출인 2억 1천만원이 남아서 수입에 비하여 빚이 많다. 대출금을 계속 줄여나가며 노후자금을 동시에 마련하는 일에 노력해야 한다.

박두식 씨의 은퇴연령을 65세로 가정하면, 앞으로 22년 밖에 남지 않았다. 지금부터 매월 최소한 100만원 이상 은퇴자금 마련에 투자해야 65세 이후 월 150만원 이상을 연금으로 수령 받을 수 있다. 재개발지분을 매도하여 주택담보대출을 제외한 모든 부채를 상환하면 대출원리금 상환부담이 월 100만원 줄어 총저축 가능액은 138만원이 된다. 여기에 생활비를 40만원까지 절약하면 총저축 가능액은 매달 178만원까지 늘어난다.

박두식 씨는 이미 국민연금에 가입해서 16년째 불입하고 있으며 중간에 퇴직금을 정산 받지 않았다. 국민연금을 조회한 결과 총 불입액이 3,900만원이고 예상 회사퇴직금도 거의 1억이 되었다. 박씨는 은퇴 후에 연금을 어떻게 사용할지 고민하는 것이 필요하다. 중도에 회사를 그만두는 결정을 하기 전에, 예상 연금수령액을 잘 파악하고 대비책을 세워야 한다.

요즈음에 해외취업자가 많이 생겨 국민연금을 돌려받는 사람들이 많다. 생각하면, 이 만한 금융상품이 없으므로 연금을 수령하는 것보다 유지하는 것이 낫다. 국민연금은 사적 금융에 내재된 비용과 수수료도 없고 물가상승의 위험성도 회피할 수 있다. 박두식 씨는 봉급생활자로서 회사의 퇴직금을 노후의 은퇴자산으로 인식하고 예상퇴직금을 잘 파악해야 한다. 중간정산의 기회가 있는 경우, 정산 받은 퇴직금을 금융자산에 단순히 예치하지 말고 은퇴자산으로 간주하여 펀드, 예금, 연금으로 예치하는 것이 낫다. 장차 퇴직연금제도의 전개 방향을 꼼꼼히 살펴보고 근로기간 동안에 발생하는 퇴직금을 어떻게 적립할지 검토해야 한다. 퇴직연금을 잘 선택하는 것은 은퇴준비에 수고를 훨씬 더는 방법이다.

40대 고독한 중년가장의 은퇴설계 핵심

40대는 노후에 대비하여 종잣돈을 마련하는 시기로서 투자방식에 따라 노후자금의 액수가 달라진다. 자녀들의 연령이 높아가면서 교육비 증가로 지출액도 크게 늘어난다. 주택구입 자금 또는 주택자금 대출액의 상환으로 지출이 많아져서 정신이 없다. 자녀 결혼이

▌40대 가장, 박 씨의 미래 목적자금 포트폴리오▐

목적자금	투자금액	금융상품
은퇴자금	월 75만원	• 뮤추얼펀드, 변액연금 분산투자
	월 25만원	• 세제적격 연금저축
자녀학자금	월 30만원	• 적립식 펀드 2~3개 분산투자
주택대출상환	월 50만원	• 상호 저축은행 적금

다가오면 결혼비용도 걱정되어 40대에는 노후자금 마련에도 신경 쓰며 적당히 지출하는 지혜가 요구된다.

❀ 첫째, 자신의 능력을 넘는 주택마련은 삼가하라.

한국 사람들은 주택마련과 부동산 투자에 대한 집착이 무척 강하다. 이것은 40대가 인생 후반부에 노후자금을 준비하는 데 가장 큰 장애가 된다. 자기 집을 1채 정도 갖고 행복하게 살 수 있다. 그러나 노후자금 마련에 큰 타격을 주는 자신의 능력을 넘어서는 큰 주택마련은 어리석은 일이다. 노후자금 마련에 아주 여유가 없고 주택대출 원리금의 상황과 이자납부로 가계전체가 위기에 빠질 수 있다. 따라서 가정 형편에 맞는 주택을 장만하고 노후자금 마련에도 신경 써야 한다.

❀ 둘째, 노후자산은 반드시 지켜라.

살아가다가 목돈이 필요한 지출이 생기면 퇴직금의 일부를 사용하거나, 노후를 위한 개인연금을 해지 혹은 담보대출로 활용하기 쉽다. 이 경우에 당장 생활이 여유롭고 쉬울지 모르나 장기적으로 보면 큰 손해이다. 목표했던 노후자금 마련에 차질이 생기고 복리로 얻는 자금수익률도 포기하는 것이다. 따라서 재무 설계에서 정했던 노후준비자금은 다른 용도로 쓰지 말아야 한다.

✻ 셋째, 종잣돈을 현명하게 투자하라.

40대에 마련한 종잣돈을 그대로 방치하지 말고 현명하게 다시 투자해야 한다. 사전에 지식과 경험 없이 지인들을 통해 얻은 정보로 무작정 주식에 집중적으로 투자하는 것은 좋지 않다. 단순히 목돈을 장만하겠다는 생각에 행한 무모한 투자는 종잣돈까지 잃어버릴 가능성이 크다. 종잣돈을 마련하기 까지 시간도 많이 걸리고 고생도 많았다. 이래서 종잣돈을 소중하게 여기고 전문가와 상담하여 올바르고 현명하게 투자해야 한다.

05. 50대, 은퇴 시작된 직장인의 은퇴 설계

50대, 대기업 은퇴예정 간부의 생활 상태

최대한 씨(가명, 54세)는 대기업의 상무로 근무하며, 가족으로는 전업주부인 아내와 2명의 대학생 자녀들이 있다. 그 동안 열심히 일하여 어느 정도 금융자산과 부동산도 마련했고 월 소득도 1,100만원 이상으로 보통 직장인에 비해 높다. 현재 50대 중반으로 퇴직이 예상되나, 미혼인 두 자녀의 대학졸업과 미래 결혼자금으로 큰 목돈이 들어갈 수 있다. 그래서 현재의 재무상태를 검토하고 은퇴에 대비하여 노후자금을 제대로 마련할 수 있는 지를 파악할 필요가 있다.

최대한 씨는 주택 10억원, 토지 3천만원, 금융자산 8천만원, 적금 1천만원 등 총자산 12억 원을 갖고 있다. 그러나 주택구입을 위하여 4억 7천만원의 주택담보 대출이 생겨서 순자산은 7억 3천만원에 불과하다. 매월 세후 수입은 1,200만원이며, 매월 총지출액은 900만원으로 월 잉여자금은 300만원 정도이고, 매월 대출금 이자도 150만원이다. 최대한 씨의 나이, 재산 및 현금흐름을 살펴보면, 순자산 대비 금융자산의 비중이 아주 적다. 이것은 우리나라 50대 가장의 은퇴준비에 최대약점인 환금성 부족을 보여준다.

은퇴가 예상되는 시기여서 최대한 씨는 금융자산의 비중을 높이는 계획을 시급히 수립해야 한다. 최 씨의 매월 총수입액을 감안하면 주택대출자금의 이자상환액이 크지 않지만, 원금상환액까지 고려하면 향후 재산상태에서 부담이 된다. 그래서 대출원금을 줄이면서 노후자금을 마련하는 대책을 마련해야 한다. 최대한 씨는 자녀 교육비를 많이 부담하여 총소득액에 비하여 저축여력이 적다. 따라서 교육비의 과다지출과 주택담보 부채로 은퇴자금 마련에 부담이 되는 가 잘 파악해야 한다. 최대한 씨의 나이를 고려할 때 노후자금 마련이 무엇보다 시급하다.

전문가의 실제 조언

최대한 씨는 금융자산 8천만원 중 MMF(Money Market Fund) 5

천만원은 만약의 사태에 대비하여 비상금으로 유지한다. 기타 CMA(Cash Management Account) 3천만원과 향후 저축가능액은 노후자금 준비와 대출금 상환에 사용하는 것이 좋다. 은퇴설계에서 부동산의 비중이 높은 것은 노후자금 마련에 부담을 준다. 그래서 주택가격이 저렴한 지역으로 이사하여 여유자금을 마련하고, 토지 등을 처분하여 대출상환과 노후자금 준비에 투자한다. 생활비 및 교육비를 줄여서 저축여력을 조금 높이는 것도 중요하다. 예를 테면, 350만원을 대출상환에 사용하고 나머지 150만원은 연금저축과 연금보험에 투자하면 여유로운 노후생활을 보장받을 수 있다.

앞으로 이런 노력을 6년 동안 지속하면, 총2억 5천만원의 대출원금을 상환하고 노후자금도 5천만원 이상 추가로 마련한다. 결국 10년 후에는 대출금을 모두 상환하고 노후자금으로 2억원 정도 모을 수 있다. 여기에 기존에 보유하던 금융자산 MMF 5천만원과 수익금, 연금보험까지 합치면 상당한 노후자금이 마련된다. 이 시기에는 자녀들도 독립하므로 지금보다 작은 주택으로 이사하여 금융자산을 추가적으로 확보하고 여유로운 은퇴생활을 즐기는 것이 가능하다.

50대 퇴직예정 가장의 은퇴설계 핵심

은퇴가 시작되는 50대에는 지금까지의 노후설계를 잘 점검하고 면밀한 노후대책을 준비하는 것이 필요하다. 보통 50대에 노후자금의 80% 이상이 마련되므로, 자녀 교육비와 결혼자금보다 노후자금 마련에 더욱 신경 써야 한다.

❀ 첫째, 유동성과 안전성을 확보하라.

50대에는 과거의 투자성향에서 벗어나 안정적인 투자성향을 지향하는 것이 중요하다. 보유자산 중에서 위험자산에 대한 비중을 축소하고 안정성이 높은 투자비중을 확대한다. 부동산 등 유동성이 적은 자산을 과다하게 보유하면, 노후자금 마련 및 노후생활에 문제가 발생한다. 부동산을 과도하게 소유하면, 처분하여 유동성이 높은 자산에 투자하는 것이 바람직하다.

❀ 둘째, 소유자산의 안정적인 유지에 신경 써라.

50대에는 재산을 확대하는 것보다 안정적으로 지키는 것이 소중하다. 자산의 기대수익을 낮추고 한 곳에 집중투자보다는 분산투자가 양호하다. 다양한 종류의 펀드를 이용해서 예금금리 이상의 수익을 안정적으로 유지하도록 분산투자하는 것이 효과적이다. 국민연금 등 공적연금의 지급수준을 확인하고 부족한 노후생활자금을 마련하기 위하여 종신형 연금보험에 가입하는 것도 좋은 방안이다.

❀ 셋째, 부채를 최소한도 줄이고 없애라.

정기적인 소득이 사라지는 노후에 부채는 일상생활에 큰 타격을 준다. 은퇴하기 전에 가급적 부채를 최소화하거나 없애는 것이 바람직하다. 주택담보대출을 포함해서 모든 대출금을 상환하는 것이 좋다. 이를 위해서 50대에는 여유자금의 70%를 부채 정리에 사용하고 나머지 30%는 노후자금에 투자하는 7:3의 원칙을 실천한다.

❀ 넷째, 은퇴 후의 삶을 구체적으로 계획하라.

은퇴는 인생의 퇴각이 아니라 새로운 제2인생의 출발이다. 100

세 장수시대에 우리는 은퇴 후에도 20~40년의 시간을 살아야 한다. 은퇴를 앞둔 50대는 은퇴 후 생활을 계획할 필요가 있다. 행복과 행운은 준비하고 계획하는 자에게 다가온다. 인생도 역시 마찬가지로 은퇴 후 삶을 계획하지 않으면 은퇴 후 생활은 불안하고 불행스럽게 된다. 어디에서 무엇을 하며 누구와 지낼지 자세히 준비하여 핑크빛 제2인생을 살도록 노력한다.

06. 자영업자의 은퇴 설계

40대 자영업자의 생활 상태

정동성 씨(가명, 43세)는 대전에서 자영업을 하며, 회사대표로서 시설 재투자와 직원 봉급으로 사장 봉급은 많지 않다. 최근에는 경제사정이 나쁘고 월급이 크게 줄어 퇴직금이 없어서 고민이 무척 많다. 사장이지만 고작 매월 약 350만원의 수입으로 전업주부인 아내와 초등학교에 입학하지 않은 두 자녀를 부양할 수 있을까 걱정이 많다. 열심히 저축하여 4년 전에 구입한 집의 담보대출금을 갚고 자녀교육비와 노후자금을 마련하길 원한다.

정동성 씨는 노후준비가 전혀 안되어 있고 보장성 보험에 가입 비중이 높으며 주택담보대출의 상환으로 부담이 크다. 보장성 보험을 재설계하여 월 보험료를 40만원 이내로 줄이고, 보험료 절약액과 추가 저축여력 50만원을 합한 월 90만원으로 노후저축과 교육비 마련을 도모해야 한다. 어린 자녀들의 교육비 증가가 예상되므로 저축 여력 20만원은 자녀 교육자금 마련과 대출상환용으로 활용한다. 정 씨는 자영업자로서 고정수입이 보장되지 않아 경기사정에 따라 수익이 변경될 수 있다. 경제가 나빠져서 수입이 줄어드는 형편에 3년 후 원금일시상환으로 되어 있는 주택담보대출을 다 갚기는 어렵다. 따라서 장기대출로 전환하여 원리금을 소액으로 장기간 상환하는 것이 안정적인 재무구조에 도움이 된다.

전문가의 실제 조언

회사원처럼 자영업자는 직업의 특성 상 고정수입이 보장되지 않는다. 경제사정이나 운영방식에 따라 수입이 달라지고 사업이 어려울 수 있으므로 사업자체가 위험한 투자이다. 따라서 상대적으로 안정적인 금융상품에 투자하는 것이 좋다.

자영업자는 퇴직연금 혹은 퇴직금을 받을 수 없다. 국민연금도 직장인에 비하여 소득대비 국민연금 납입액이 정확하지 않아 노후준비가 취약하다. 자영업자는 스스로 노후를 준비하고 노후자금을 마련해야 한다. 그래서 여유자금을 저축하는 것보다, 우선적으로 노후준비를 위한 금융상품에 투자하고 남은 돈을 생활비로 사용하는 전략적인 소비가 필요하다.

그러므로 정동성 씨는 노후를 준비하기 위하여 당장 개인연금에 가입해야 한다. 정 씨에게 필요한 노후자금은 최소한 4억원 이상 추정된다. 투자수익률을 연 8%로 가정하고 준비하면, 매년 900만원 정도 노후자금마련에 투자할 필요가 있다. 이 중에서 300만원은 세제적격형 연금보험, 600만원은 변액연금과 혼합형펀드로 준비하는 것이 바람직하다. 세제적격형 연금보험에 연간 300만원을 납입하면, 최고 115만원의 절세가 있어 일석이조의 효과가 발생한다.

최대한 납입기간을 장기간 설정하는 것이 유리하므로 매월 25만원씩 연금보험에 가입하여 소득공제효과와 노후대비 자산을 마련하는 것이 바람직하다. 나머지 300만원은 장기투자로 수익성을 제고하기 위해서 적립식 펀드에 월 10만원, 안정 수익적인 원금보장형 변액연금에 15만원을 불입하여 향후 은퇴에 대비한다.

자영업자의 은퇴설계 핵심

자영업자는 매월 수입이 일정하지 않고 경기사정에 따라 많은 영향을 받는다. 사업실패의 위험성도 상존하므로 항상 미래에 대비하는 것이 필요하다. 그럼에도 노후자금 마련은 자영업자에게도 필수적인 사항이다.

✽ 첫째, 노후연금에 반드시 가입하라.

자영업자는 노후자금 마련이 직장인보다 불리하며 퇴직금 혹은 퇴직연금이 없다. 이러한 약점을 보완하려면 속히 노후연금에 가입하여 꾸준히 투자해야 한다. 사회적으로 자영업자가 유일하게 노후를 대비할 수 있는 국민연금도 성실하게 납부할 것을 권장한다.

✽ 둘째, 수입의 일정부문을 꼭 저금하라.

자영업자는 매일 생활에서 돈을 다뤄서 쉽게 지출하고 체계적으로 미래를 대비하여 투자하는 경향이 적다. 개인사업이 잘 되는 경우에는 수입이 좋지만, 영업실적이 떨어지면 실패할 가능성도 커진다. 오늘 가게의 수입이 좋다고 해서 내일도 잘 된다는 생각을 버려야 한다. 그래서 미래 위험을 대비하여 수입액의 일정부문을 항상 저축하는 습관이 소중하다. 매달 소득액의 15% 이상은 노후자금을 마련하기 위해서 저축해야 한다.

✽ 셋째, 사업투자와 노후투자를 적절히 분배하라.

자영업자는 수입이 불규칙하여 노후준비에 소홀하다. 자영업자들의 특징은 돈의 여유가 생기면 노후준비보다는 먼저 사업 확장에 다시 투자하는 데 있다. 지금 당장 눈앞의 이익창출에 너무 신경 쓰면 노후준비에 소홀하다. 사업 확장에 따른 예상 수익이 제대로 달성되지 못하면, 노후준비는 어렵고 사업장의 손실만 생기게 된다. 그러므로 자영업자는 사업투자와 노후준비 투자를 적절히 분배하여 노후도 대비하고 사업적인 손실위험도 줄여야 한다.

제6부

빛나는 인생 후반부 사례

파블로 피카소와 파블로 카잘스, 그리고 미켈란젤로는 80대와 90대 때에도 여전히 작품활동을 했다. 그러니 만약 누군가가 그들이 70대 때에 "그들에게는 미래가 없다."고 말했다면 어찌 되었겠는가?

- 마거릿 엘웰 -

01. 예술에 빠진 전직 CEO

무한경쟁을 뚫고 기업 최고자리에 올랐던 전직 최고경영자(CEO)들이 화가와 사진작가로 잇따라 변신하고 있다[1]. 경영과 미술이 '도전과 열정'이라는 코드로 통하면 자연과 인생을 관조할 수 있다는 점이 CEO들을 예술가의 길로 이끌고 있는 것이다. 퇴직 후 사진작가로 왕성한 '인생 2막'을 살아가고 있는 이해욱 전 KT사장을 비롯해 강석진 전 GE코리아 대표, 이서형 전 금호건설 사장, 이성구 전 농심기획사장, 강웅식 전 아메리카스탠다드코리아 회장, 강현두 전 스카이라이프 사장, 홍영주 전 포스코 중남미 지사장 등이 미술계에서 인생2막을 살고 있는 대표적 CEO들이다.

정보통신 분야에서 50여년간 잔뼈가 굵은 이해욱 전 KT사장은 사진작가로서 다른 인생을 살고 있다. 그는 통신산업의 태동기 시절 집전화 자동화(전자식교환기 개발)를 비롯해 인공위성 1호(무궁화위성) 발사·한국전기통신공사 발족 등에 핵심역할을 했고 1993년부터 사진에 관심을 갖기 시작했다. KT 사장직에서 물러난 뒤 20년 동안 세계 188개국을 여행하며 각 나라의 독특한 문화가 배인 풍물, 인물 및 풍경 사진을 찍었고, 그동안 촬영한 사진만도 수 천점에 달한다.

1 한국경제(2009.9.17.)

이 중에서 과거 4년간 가나, 세네갈 등 아프리카 중서부를 비롯해 남태평양 지역 등을 돌면서 촬영한 사진 40여점을 모아 서울 세종로 KT 사옥 1층 KT아트홀에서 전시했다.

GE코리아에서 30여년간 근무하면서 '외국계기업 대부'로 통했던 강석진씨(71)는 2002년 퇴임 후 전업 작가로 제2인생을 개척했다. GE코리아 재직부터 작품활동을 하며 탄탄한 구상회화 실력을 갖춘 서울갤러리에서 2주간 개인전을 가졌다. 1995년부터 7년간 금호건설 CEO를 지낸 이서형씨(67) 역시 퇴임 후 화가로 정식 데뷔했다. 2002년 은퇴한 후 주변 사람들의 만류에도 불구하고 용인대 회화과 3학년에 편입했고, 대학원에서 석사과정도 마쳤다. 어린 시절 꿈이 화가였는데 화가의 길이 돈이 많이 들어 포기했다가 노년에 꿈을 실현시켰다. 그는 경기도 용인 작업실에서 하루 10시간 이상 작업하여 개인전들도 열어 왔다.

전업작가 활동을 본격적으로 하기 위해 CEO 자리에서 물러난 경우도 있다. 이성구씨(60)는 제일기획 전무를 거쳐 농심기획 대표이

이해욱 · 강성진 · 이서형 · 이성구 · 강응식 · 강현두 씨 등
국내외서 미술 · 사진 전시회…퇴임 후 미대 편입하기도

이해욱 전 KT사장

강석진 전 GE코리아 대표

강현두 전 스카이라이프 사장

김철호 전 명성그룹 회장

사까지 올랐지만 2005년 더 늦기 전에 작품 활동에 전념하기 위해 전격 사퇴했다. 그는 서울 인사동 조형갤러리에서 여러 번 많은 풍경 및 인물화 작품 140여점 이상을 선보였다. 강현두 전 스카이라이프 초대 사장(72), 강웅식 전 아메리칸스탠다드 코리아 회장(70)도 퇴직 후 본격적으로 그림 작업을 하며 화가의 길을 걸었다. 이들은 과거에 서울 인사아트센터에서 'CEO, 그림에게 말을 걸다'라는 주제로 그룹전을 열어 좋은 반응을 얻었다. 미술평론가 정준모는 '퇴직 후에도 산고에 비유되는 예술 창작에 뛰어든 것은 못다 이룬 꿈과 새로운 도전을 향한 열정 때문'이라며 '그동안 상품이나 서비스로 대중과 소통하는 이들이 다른 방법으로 세상과 소통하는 방법을 찾은 셈'이라고 말했다.

02. 명예퇴직 뒤 민간전문위원으로 출발

성신상 전 전북 농수산식품국장은 남원 출신으로 지난 1982년 7급 공채(농업직)를 통해 공직에 입문해 전북도와 농축수산식품부, 제주도(2년) 등에서 32년 동안 근무했고 지난해 홍조근정훈장을 받았다. '2모작 인생을 이제 막 시작했습니다. 대단한 능력을 가진 것은 아니지만 30년 넘게 공직에서 일하면서 쌓은 경험과 전문성을 고향 발전을 위해 되돌려드리고 싶습니다.' 성 전 국장은 후배들에게 승진의 길을 열어주기 위해 공로연수를 포기하고 2013년 6월 명예퇴직과 함께 공직을 떠난 후 전북혁신도시에 새 둥지를 튼 농촌진흥청 민간전문위원으로 돌아왔다[2].

그는 2014년 11월 3일 발족한 농촌진흥청 식량산업기술지원단에 민간전문위원으로 합류했다. '민간'이란 명칭이 붙긴 했지만 공무원들과 같이 일하는 자리여서 사실상 준공무원이 되었다. 명예퇴직 후 제주도에서 4개월 정도 블루베리와 양배추 농사를 지으며 직접 귀농 체험을 했다. 그는 식량산업기술지원단 출범과 함께 민간전문위원을 공모한다는 소식을 접하고 응모해 2014년 12월부터 농진청으로 출근하고 있다.

오는 2019년 말까지 5년간 한시적으로 운영되는 식량산업기술지원단은 농진청이 쌀 시장 개방(관세화)에 대응해 식량산업의 체질을 개선하고 농가는 안심하고 농사를 지을 수 있도록 경쟁력 강화 및 소비시장 창출을 목표로 만든 전담조직이다. 농업인들이 쌀 관세화는 불가피한 조치로 인식하지만, 쌀 농가의 소득안정 보장과 지속가능성 담보 등 손에 잡히는 정부의 대책을 요구하는 점을 고려해 발족됐다.

식량산업기술지원단은 생산분야를 담당하는 소득안정팀과 유통분야를 담당하는 소비확산팀으로 꾸려졌고 식량산업 육성지원방안도 마련했다. 성 전 국장은 식량작물 생산분야의 정책과 들녘 경영체 육성, 각종 제도개선 등의 자문을 한다. 성 전 국장은 '지원단이

---

2 전북일보(2015.1.20.)

마련할 식량산업 육성지원방안은 새만금지구 내 1만 8천ha의 농지를 어떻게 활용할 것인지에 대한 해답을 제시해줄 수도 있을 것'이라며 '30년 넘게 일하면서도 아직도 아쉬움이 남는 전북 농업 발전을 위해 조언을 아끼지 않을 것'이라고 덧붙였다. 200~300명의 직원들을 이끌던 전북도 농업조직의 수장에서 혈혈단신 일하는 전문위원이 된 뒤 과거에 조직의 고위간부로서 누렸던 것들에 대한 생각을 내려놓았다. 그는 '퇴직 후에도 전문성을 살려 일할 수 있는 기회를 갖게 된 만큼 식량산업 발전과 농진청 및 전북도의 협력 강화 등을 위해 미력하나마 최선을 다하겠다'고 말했다.

03. 농협맨 '시인가수'로 인생 이모작

'그대를 만난 건 나에겐 행운이요 /그대를 알게된 건 나에겐 기쁨이요/그대를 사랑한 건 하늘의 축복이어라 …(하략)' 농협에서 30년을 근무한 전직 지점장이 가수로 데뷔하여 화제를 일으켰다. 화제의 주인공은 '시인가수' 권오중 씨(65·사진)로 2013년 '그대를 사랑한 건'으로 데뷔해 활발한 활동을 펼쳤다[3]. 권씨는 이 곡을 포함해

3 충청타임즈(2014.9.25.)

'주님을 사랑한 건', '천사 같은 아내', '목련꽃 필 때면' 등 8곡을 담은 CD음반을 취입했으며 뮤직비디오도 내놓았다.

권씨의 데뷔계기도 별나다. 2013년 어느 날 꿈에 지역가수인 문장대씨가 나타나 노래를 불렀는데, 잠에서 깨어나 꿈속의 가사와 곡으로 '그대를 사랑한 건'이라는 노래를 만들게 됐다. 청주시 서원구 미원면 출신인 그는 청주고와 농협대학을 졸업한 뒤 지난 1975년부터 2006년까지 농협에서 근무했다. 퇴직 후에는 수필가와 시인으로도 활발하게 활동하면서 제2의 인생을 구가하며 현재 한국문인협회 증평부지부장과 산수문학회 회원으로 활동한다.

지난 2008년 시인으로 등단한 이후 가수까지 하게 되면서 '시인가수'라는 별명을 얻었다. 권씨는 '가수로서 너무 행복하게 살고 있고 요양원 등에서 노래로 남들을 즐겁게 해주는 것을 보람으로 여기고 있다'면서 '원래 노래를 좋아했는데, 이렇게 가수로 활동하게 돼 뜻 깊다'고 말했다.

04. 수필과 문인으로 작가 시작

전현직 고위 공무원 잇단 수필가 등단

전·현직 고위 공무원들이 수필가로 등단하고, 수필집을 발간하

유기상 전 전북도기획관리실장

윤철 전 진안군 부군수

김인호 고창군 부군수

는 등 문학적 감성을 고스란히 드러내고 있어 눈길을 끌고 있다[4]. 유기상 전 전북도기획관리실장은 '수필과 비평' 10월호에서 '어머니의 옷 한 벌'을 출품, 156회 신인상을 수상하면서 문단에 정식으로 데뷔했다. 유 전 실장은 '수필가로의 등단은 기쁘고 부끄럽고 설레는 마음이 엉켜 있다'며 '미지의 새로운 오솔길을 걸어간다는 기대와 설렘과 함께 이왕이면 각고면려하여 좋은 작품을 써야겠다는 각오를 다짐해본다'고 말했다. 유 전 실장은 전북도 문화체육관광 국장을 역임, 고창군수에 출마했으며, 현재 전북문화재연구원 고문, 호남고전연구원 이사로 활동하고 있다.

앞서 윤철 진안군 전 부군수는 '에세이스트' 9.10월호에 '마중물'로 신인상을 수상, 문인의 반열에 이름을 올렸다. 윤 전 부군수는 '천직인 양 살아온 26년의 공무원 생활에 마침표를 찍고, 평온한 일상과 지겨움으로 마음을 밀어낼 때 쯤 수필이 내게로 돌아왔다'며 '한 해만 살고 말 들풀처럼 서두르지 않겠다'고 각오를 다졌다. 윤 전 부군수는 전북대 대학원 행정학과 박사과정을 수료, 지방공무원으로 정년퇴임을 했으며, 2013년 '대한문학' 수필부문 신인상을 수상했다. 현재 전북문인협회, 전북수필문학회, 영호남수필문학회 회

4 새전북신문(2014.10.13.)

원, 행촌수필문학회 사무국장을 맡고 있다.

김인호 고창군 부군수는 1956년 고창군 공음면에서 출생하여 광주상고, 한국방송통신대 행정학과 및 전북대 행정대학원 야간행정학과를 졸업했다. 그는 40여 년에 이르는 공직생활 마감을 앞두고 자전 에세이 '모양성 바라보며'를 출간했다. 김 부군수는 '강산이 네 번 바뀌고도 남을 오랜 시간동안 공직을 수행하면서 겪었던 경험, 절망과 좌절, 영광과 환희의 순간 등을 진솔한 삶의 이야기로 기록했다'며 '가족 및 친구, 선후배 공무원, 그리고 지인과 나누고 싶어 이번에 에세이집을 출간했다'고 동기를 밝혔다. 2013년 1월 고창군 부군수로 발령받기 전까지 28년 동안 지방과 여론계 및 행정계에서 일하면서 희노애락이 쌍곡선을 그었던 공직을 떠나 '제2의 인생 이모작' 경작에 나섰다.

작가로 인생 2모작, 3년 동안 착실히 준비했지요

대기업에서 30년 가까이 근무, 50대 중반에 퇴직. 이런 이력이라면 대개 창업을 하거나 중소기업에서 자리를 얻거나, 이도 저도 안 되면 그냥 소일하며 보낸다. 인생 이모작에 정답이 있는 건 아니며, 하기에 따라서는 얼마든지 '제3의 길'이 있다. 이기성(56·사진)씨는 SK에너지와 SK가스를 거쳐 청주도시가스에서 전무로 퇴직한 후 관심분야를 깊이 있게 공부한 뒤에 서적을 집필하여 작가의 길을 선택했다[5].

그는 2007년 정년을 4년 앞두고 28년간의 직장생활을 접고, 바

5 중앙일보(2009.11.3.)

로 중국어학원으로 달려갔다. 이기성씨는 오랜 꿈이던 역사 공부를 위한 준비를 했다. '대학 들어갈 때 역사학과에 가고 싶었는데, 밥벌이를 생각해 연대 경영학과로 진학했어요. 직장생활 할 만큼 했다는 생각이 드니 역사 공부에 대한 욕심이 되살아나더군요.' 6개월을 동안 열심히 중국어를 배워 기초를 쌓은 뒤 가족과 함께 중국의 역사도시 시안(西安)으로 건너갔고 가족들도 새로운 경험을 반겼다. 1년간 어학연수를 하면서 깐수(甘肅)·칭하이(靑海)·신장(新疆) 등 중국 서북지역을 여행했다. 유적지를 둘러보고 현지인과 토론했던 체험을 엮어 역사기행 에세이 『장안 그리고 시안, 작은 사진』(에세이퍼블리싱)을 출간했다.

'일본에선 전공자가 아닌 일반인도 관심분야를 갖고 공부해서 전문가 수준의 책을 종종 펴내고 있습디다. 우리나라도 이젠 먹고살 정도가 됐으면 퇴직자들이 경험과 지식을 책으로 담아내, 지식을 나누면 좋지 않겠습니까.' 서적 출판은 시간적 여유가 있고, 세상 보는 안목도 생긴 은퇴자들이 도전하기에 좋은 사례이다. '그는 앞으로 3~4년에 한 번씩 역사 기행서를 낼 계획을 갖고 다섯 권을 목표로 잡았다. 두 번째 책은 체코나 헝가리 같은 동유럽 국가에서 1년 정도 머물며 공부한 뒤 중·소국의 시각에서 유럽역사를 볼 계획이었다.

따라서 인생 후반부를 작가로 살기 위해서는 퇴직 전부터 철저한 준비가 필요하며, 우선 자금마련이 과제이다. 그는 '직장에 다닐 때부터 알뜰하게 모아서 노후자금을 마련하고, 퇴직 후 골프나 외식 같은 여유와 결별할 각오가 있다면 마음이 풍요로운 노후를 즐길 수 있다'고 조언했다. 그는 퇴직 3년 전부터 틈틈이 준비하여 씀씀이를 줄이고 중국어를 공부하며 전문서적을 읽었다. 오랜 조사 끝에 물가가 싼 시안을 첫 목적지로 정했다. '가족 4명이 1년간 번듯하게 생활하고

공부하며 여행하는 데 3,000만원이 채 안 들었다'고 했다. 그는 퇴직 후 곧바로 뭔가를 해야 한다는 조바심을 버리라는 충고도 덧붙였다.

여생을 보내고 싶을 정도로 좋아하는 일을 찾고, 그걸 이루기 위한 먼저 계획이 필요하다. '정기적인 월급이 나오다 끊기면 마음이 급해지는 게 당연합니다. 퇴직 후 실패한 선배들 중엔 그런 부담감 때문에 서두르다 일을 그르친 사람들이 꽤 돼요.' 그는 인생의 주기를 세 단계로 나눠 설명했다. '평균적으로 태어나서 30년 간 교육받고, 사회에 나와 30년간 일합니다. 나머지 30년 새 삶을 살기 위해선, 적어도 2~3년은 배우고 준비하는 기간이 필요하지 않을까요.' 그는 역사학 석사과정에 입학하기 위해 곧 대학원에 입학 지원서를 내고 영어시험에 대비하여 지난 여름을 영어학원에서 보내며 어학공부에 충실했다.

등단 50주년, 더욱 원숙해진 문인들

현실 참여적인 역사의식을 바탕으로 민주화 운동에 앞장서 온 고은(77) 시인은 지난 60년 첫 시집 '피안감성'을 낸 후 만 50년 동안 수많은 시를 써왔다. 20세에 입산해 승려가 됐다가 조지훈 시인의 추천으로 문단에 데뷔한 이래 역사의 굴곡을 헤치고 시인으로 우뚝

서기까지 고은의 시에 대한 열망은 한결같았다. 그의 시 세계에 대해 시인이며 소설가인 김형수 씨는 '전대미문의 돌발사태이자, 현재 진행형 사춘기'라고 표현하며 고은의 대표시 66편을 묶은 '오십년의 사춘기'(문학동네 펴냄)를 출간했다. 등단 50년을 맞은 고은에게 '시'란 뭘까. 우문일 수 있는 이 질문에 고은은 '시는 그 무엇이라고 정의 내릴 필요도 없는, 그냥 시일 뿐'이라고 대답했다.

황석영(67) 작가는 경복고 재학 중 청소년 잡지 '학원'의 문학상에 단편소설 '팔자령'이 당선되면서 올해로 문학인생 만 50년을 맞았다. 황 작가는 '삼포 가는 길', '장길산', '무기의 그늘', '오래된 정원' 등 한국 문단에 길이 남을 명작품들을 발표했다. 그는 지난 1989년 방북 이후 국가보안법 위반 혐의로 7년 동안 복역하고 1998년 석방됐다. 다시 글쓰기를 시작한 그는 2008년 인터넷에 '개밥바라기별'을 연재해 누적 방문자 200만 명을 돌파하며 인터넷 연재소설의 새로운 가능성을 입증했다.

파란만장한 인생을 살아온 황석영은 최근 서울경제와의 인터뷰에서 문학 50년의 소회를 이렇게 밝혔다. '똥 누러 갔다 왔더니 인생이 가버렸습니다. 이제 글을 쓸 때 딱히 취재를 하지 않고 쓸 정도가 됐습니다. 어떤 일을 50년 했다고 하면 그건 정말 달인 아닙니까. 예전엔 황석영 하면 조국과 민족, 심지어는 빨갱이라고 했는데 이젠 동네 아저씨처럼 생각하는 사람들이 많아진 것 같습니다.'

지난 1960년 10월 최인훈(74)이 우리 문학사의 기념비적인 작품이라 할 수 있는 '광장'을 발표한 지도 55년이 지났다. 이 작품은

4·19 혁명 이후 사회변화에 힘입어 탄생했다. 작품은 당시 금기시됐던 남북대립을 정면으로 파헤쳤고 분단 상황에서 처음으로 이데올로기 문제를 다루었다는 문학사적 의의를 남겼다. 최 작가는 50주년에도 소설가로서 뿐 아니라 극작가로서도 활발하게 활동했다.

05. 오교수 '인권강사'로 인생 이모작

오노균 박사(충북대 협력교수)를 말할 때 태권도회장, 새마을회장, 대학교수, 사회단체장, 농촌지도자 등 다양한 수식어가 따라 다녔다. 그가 요즘 인권문제에 몰입 하고 있다. 벌써 국가인권위원회(위원장 현병철)가 주최한 인권감수성교육, 인권강사기본교육, 인권강사심화과정교육 등을 모두 마치고 정식 국가인권교육강사가 되었다[6].

오 교수는 스스로 누가 뭐라 해도 자타가 공인하는 '태권도인'이다. 그리고 모든 절차와 과정은 태권도 정신에서 시작하며 근면, 자조, 협동의 새마을 정신철학을 갖고 삶을 살아가고 있다. 오 교수에게 헨드폰을 하면 '새벽종이 울렸네, 새아침이 밝았네, 너도 나도

6 뉴스캔(2014.11.25.)

일어나 새마을을 가꾸세.....'의 노래가 나온다.

오 교수의 소년기는 태권도로 심신을 단련하여 호연지기를 키우고 청년기에는 학업에 열중해 싸우스웨스텐 대학교에서 교육학 박사, 고려대학교에서 체육학 박사학위를 취득 했다. 중년기에는 충청대학교수로써 세계태권도문화축제를 창안하여 종주국의 존엄과 기풍을 세우고 남북교류에도 앞장서 연변, 평양, 금강산 등에서 태권도를 통한 교류협력을 추진했다. 청·장년기에는 대전시 태권도협회장, 대전시 새마을회장, YMCA협력이사, 한민대 새마을부총장, 민주평통상임위원 등 각급 단체장으로 봉사했고, 근년에는 충북대학교에서 농촌관광 전문가로 농촌활성화에 앞장섰다. 그가 환갑을 목전에 두고 농촌활성화 운동과 함께 '인생 이모작'의 변화를 시도했으며, 그것이 바로 21세기의 화두인 '인권운동'이다.

오 교수는 2000년 1월에 미국 대표적 인권운동가인 마틴 루터킹 목사를 기념하는 루터킹 퍼레이드에 직접 참여한 이후 인권의 소중함을 깨달았다. 그는 그동안 세계 64개국을 순방하며 나름대로 각국의 인권 사례를 수집했다. 오 교수는 "인간으로써의 존엄과 가치가 구현되고 인권이 침해되지 않고 평등권에 차별 없는 사회가 만들어질 때 행복지수는 높아지고 살맛나는 세상이 되는 것"이라며 생각했다.

오 교수는 '생활 속에서 만나는 인권침해와 차별이 없어야 하며 누구나 행복할 권리가 있음을 의식할 때 행복한 복지국가가 실현 되는 것이므로 주민인권학교 등이 마을단위로 열리고 시, 군구 인권조례와 인권헌장이 만들어져 시민들의 약속으로 승화 되어야 할 것'이라고 말했다. 오 교수는 2013년 12월 10일 세계인권의 날을 기념하여 세종YMCA와 함께 '시민인권센터'를 설립코자 준비모임도 발족했다. 오 교수는 인권선언을 맞아 인권의 성경으로, 인류의 가장 아름다운 약속인 '세계 인권선언' 읽기를 지속적인 시민운동으로 전개하겠다고 말했다.

06. 귀농 및 귀어로 행복해요

귀농에 의욕보다 중요한 것 마음

산업화와 도시화로 젊은 인력이 도시로 나가면서 농촌마을이 공동화되고 있다. 농가인구의 33.3%를 차지하는 65세 이상 노인이 겨우 농촌을 지켜 활력을 잃고 있다. 그러나 최근 농촌에 희망의 빛이 보이는 데, 그것은 귀농과 귀촌에 대한 관심이 높아졌다는 것이다[7]. 고도성장의 주역인 베이비붐 세대가 은퇴를 시작하면서 귀농에 대한 관심은 더욱 증가했다. 이들은 인구의 14.6%(721만 명)를 차지하며, 일본의 베이비붐 세대인 단카이 세대보다 30만명이나 많다. 많은 사람들이 다양한 이유로 이농했기 때문에, 마음 한 구석에 농촌 및 농업에 대한 그리움을 간직하고 있다.

7 동아일보(2010.6.11.)

귀농하여 전원생활을 꿈꾸는 이유들도 각양각색이다. 경쟁적이고 소모적인 도시의 삶을 버리고 농촌에서 자연과 더불어 생명을 가꾸고 싶은 사람도 있다. 도시문명의 혜택을 누리면서 시간이 날 때마다 농촌의 생태체험적인 삶을 희망하고 싶은 사람들도 있다. 다양한 경험을 가진 이들이 농촌에 정착하는 현상은 농촌 지역사회의 활력을 위해 바람직한 일이다. 전원생활을 즐기기 위해 취미 차원에서 채소밭을 가꾸는 정도로 귀농을 생각할 수 있다. 그러나 경제적인 삶의 기반으로 귀농을 생각한다면 더욱 신중히 결정하고 구체적인 준비가 필요하다. 정부는 베이비붐 세대 중 1%인 7만명 정도를 농업경영자로 육성할 방침이다.

귀농을 위한 마음은 성공적인 귀농인으로 정착하기 위해 아주 중요한 요인이다. 귀농인은 왜 농촌에서 살려고 하는지 목적이 분명해야 한다. 강한 동기와 의욕을 바탕으로 가족동의와 이해를 얻고, 자신의 여건과 적성, 기술수준, 자본능력에 적합한 작목을 선택할 필요가 있다. 인생 이모작 설계가 부부 합의 없이 출발하면 나이들 수록 많은 어려움이 발생한다. 작목을 결정하면 확실한 농사기술을 습득하는 일이 중요하다. 농업생산의 기본은 생물과 자연을 상대로 하므로 교과서에 나온 내용과는 많이 다르다. 따라서 작목과 귀농지역을 결정하면 교육훈련기관에 입소하거나 선진 농가의 영농체험을 통해 적어도 파종부터 수확까지 한 사이클 정도의 경험을 쌓아 두는 일이 필요하다.

주택 및 농지 구입 이외에 영농계획에 따른 종묘와 비료대금 등

대략 1년간의 영농자금과 생활자금이 필요하다. 가능한 자기자본으로 운영하는 것이 좋으나, 국가의 공적 융자제도를 유용하게 활용할 수도 있다. 농촌진흥청이 귀농하여 성공적으로 정착한 이들을 조사한 결과, '초기에는 재배기술에 대한 애로점이 가장 크나 4~5년 후 정착단계에 들어가면 운영자금을 확보하기가 곤란하다'고 호소했다.

성공적인 귀농의 최대비결은 그 마을 사람이 되는 것이다. 귀농과 전원생활의 차이는 물론 귀농의 최종목표도 우선 마을의 지역주민이 되는 것이다. 지역주민이 이주민에 대한 불안감과 경계심을 풀 수 있는 열쇠는 애정과 믿음에 있다. 서로가 기대하는 아름다운 관계를 위한 노력은 꼭 뿌린 대로 돌아오지는 않지만 극복해야 할 즐거운 숙제이다. 농업은 단순히 의욕만으로 시작할 수 없다. 농촌진흥청은 서울 역사에서 귀농열차에 탑승하기를 희망하는 도시인을 대상으로 명품 귀농교육을 실시했던 적이 있다. 어려웠던 시절에 꿈을 실현하고자 기차에 몸을 싣고 도착한 서울역은 무척 황망했을 것이다. 이제는 꿈을 다시 실은 인생 이모작 '귀농열차'의 출발역이 되기를 기대했을 것이다.

사시합격보다 농업이 좋다. 귀농스토리

남편 용창식(53)씨와 부인 이영애(52)씨는 하늘, 땅 기운을 담아 절임배추와 각종 발효음료를 생산하고 있는 울진군 갈면마을의 농산물 가공업체 '산중가' 회사의 대표로서 2014년에 절임배추만으로 40일 동안 4~5천만원 매출을 올렸다[8]. 이들은 2014년에 귀농 6년차를 맞이하는 도시사람들이다. 법대를 졸업하고 사법시험 합격을 꿈꾸었던 남편 창식씨는 이제 농촌마을 활성화라는 '농촌고시'에 도전하고 있었다. 대학서 미술을 전공한 부인 영애 씨는 절임배추와 발효액을 만들며 '건강밥상 체험관' 운영을 꿈꾸었다. 대도시에서 남부럽지 않던 삶을 살던 두 사람이 중년에 무슨 바람이 불어 울진 시골마을까지 왔을까?

용창식 씨와 이영애 씨가 인생 후반기의 행복터전으로 삼은 산중가에 있는 발효액과 장아찌 등을 담아둔 항아리들이 예쁘고 정갈하다. 벼락처럼 찾아온 귀농, 그때 남편은 마흔 여덟, 아내는 마흔 일곱 살이었다. 대구라는 큰 도시에서 나름대로 기반을 다져놓은 영어학원과 미술학원 운영을 포기하면서까지 남편의 고향인 경북 울진군 촌구석으로 들어가야 할 이유를 아내는 잘 몰랐다. "1년만 살아 보고 돌아오자", 어머님이 "내 언제 한번 아들하고 살아 보노"라는 말씀에 고향에 내려가 어머님을 모시고 싶다, "청정한 자연 속에서 제2의 인생을 살아보자." 남편이 던지는 이런저런 이야기는 힘든 사회생활에 지친 중년 남자의 일회성 푸념인 줄 알았다. 그런데 남편 창식씨는 실제로 '일'을 내고 말았다. 2008년 창식씨는 자신의 사업체를 정리하고(미술학원은 부인 영애씨가 운영했다) 귀농했다. 그것도 혼자서. "1년 살아 보면 답이 나오겠지. 아니면 말고." 뭐 이런 남자가 다 있나 싶었지만 20년을 함께 살면서

8 농촌여성신문(2015.1.21.)

누구보다도 속이 깊고, 남을 배려하며 살아온 남편이기에 따르고 싶었다. 1년 뒤 아내 영애씨도 20년 가까이 운영하던 미술학원을 정리했다. 그동안 애환이 깃든 자신의 화구를 정리하던 날 영애씨는 밀려드는 아쉬움에 눈이 퉁퉁 붓도록 울었다.

그러나 준비는 철저히… 이제 결심한 이상 '어떻게 되겠지' 하는 막연한 낙관론에 기댈 때가 아니었다. 나이 오십을 앞둔 부부는 인생 후반기를 자신들의 의지대로, 그리는 꿈대로, 느끼고 즐기며 맘껏 살아보기 위해 진지하고 다부진 계획을 세웠다. 우선 창식씨는 울진군농업기술센터가 주관하는 '녹색대학'을 비롯해 모든 교육에 빠짐없이 참석했다. 마을 사람들과 친해지기 위해 노력했다. 한동안 서먹했던 또래 선후배들과도 격의 없이 어울릴 수 있도록 대포한잔 나누는 것을 마다하지 않았다. 마을 일을 제일처럼 도왔고, 근처 연세가 들어서 농사를 못하시는 어르신의 논밭을 도맡아 농사를 지었다.

한번은 논에 소득이 높은 배추와 감자 등을 심으려다가 노모에게 야단을 맞았다. 아직도 쌀을 최고로 생각하는 어머님은 아무리 소득이 높더라도 다른 작물을 논에 심는 것에 대해 달갑지 않게 생각했다. 그래도 창식 씨는 차근차근 어르신을 설득하며 소득기반을 넓혀나갈 수 있었다. 부인 영애씨도 이에 못지않게 준비하고 공부했다. 경북농민사관학교에 입학해 꾸준히 공부하고, 각종 건강식품 강좌, 요리실습 강좌, 농업기술센터에서 권하는 선진지 견학 등에 빠짐없이 참석했다. 현재 부부가 경영하는 '산중가'를 알리는 블로그를 개설하고 운영하면서 소비자와 소통하는 일도 영애씨 몫이었다. "처음엔 뭐 교육이 꼭 필요하겠나? 싶었어요. 그런데 그게 아니더군요. 교육에 참여하면 할수록 내가 정말 잘했구나 느끼게 되고 성공의 열정에 불타는 다른 농업인들을 보면서 저 자신에 대해서도 채찍질을 가하게 돼요." 이젠 산중가에서 체험장 운영에 도전했다.

창식씨는 귀농 때부터 가공식품에 관심을 갖고 있었다. 2013년에는 정식으로 '산중가'라고 하는 절임배추, 김장김치, 도라지, 돌복숭아, 산야초 발효액 등을 생산할 수 있는 사업장도 장만했다. 그는 자신이 직접 키운 도라지로 발효액을 만들고 있었다. "보통 도라지는 4년 이상 키우기 어렵잖아요. 그런데 제가 키워내는 도라지는 5년생입니다. 그래서 다른 도라지 보다 효능이 좋지요." 그는 지역에서 많이 나는 돌복숭아를 발효시켜 만든 '돌복숭아 발효액'도 만들었고 기대 이상으로 좋은 반응을 얻었다. 남들 다 하는 온라인 판매는 접어두고 오로지 '입소문' 만으로 수백명의 고객을 모았고, 그들을 초청해 '팜파티'를 열어볼 계획이었다.

창식씨는 마을의 '젊은 피'로 통했다. 수차례 '이장' 일을 맡아 달라는 제안을 자신의 사업을 안정화 시킬 때까지만 봐달라고 통사정했다. 그대신 갈면 갈곡리 개발사업 사무장과 울진군 로컬푸드 부위원장직을 맡아 마을과 군 전체 농업활성화에 노력했다. 영애씨는 최근 '건강식생활 체험관'을 여는 일을 목표로 갖게 됐다. "재작년쯤 불영사에서 개최한 사찰음식 경연대회에 참여하면서 현대인들에게 건강한 식생활을 확산시키는 일에 관심이 커졌어요." 그녀는 사회생활에서 온갖 일들로 지친 현대인들의 몸과 마음을 치유해 줄 수 있는 음식을 만들어 함께 체험할 수 있는 공간을 만들고 싶어했다. 반면 남편 창식씨는 인문학에 조예가 깊었다. 중학교 시절 8천자 한자 옥편을 마스터할 정도로 한학과 동양학, 역사에 깊은 지식과 식견을 갖추고 있었다. 그래서 그는 건강식생활 체험장이 만들어지면 '사랑방 체험장'을 만들어 한학과 고전 인문학을 통한 지혜를 공유하여 체험객들의 만족도를 높여주는 일에 도전하려고 시도한다.

이영애씨는 '건강 식생활 체험관'을 개설해 사람들에게 맛있고 건강한 식단을 함께 나누는 계획을 갖고 있었다. "인생 100세라지 않습니까? 이제부터 10년만 노력해서 기반을 잡아 놓으면 60세부터 남은 인생을 훨씬 즐겁고 보람되게 보낼 수 있잖아요." 귀농한 이후 하루라도 즐겁지 않은 날이 없었다는 남편 창식씨의 말이다. 부인 영애씨는 '남편 친구들이 제일 부러워하는 사람이 남편'이라며 '남편 친구들이 창식아 너는 사시 합격한 것보다 이게 훨씬 낫다'라는 말에서 행복한 농촌생활을 부러워하는 심정을 느낄 수 있었다. 이들 부부는 귀농과 더불어 인생 후반전을 알차고 아름답게 꾸며가고 있는 중년의 초보농사꾼이었다. 그들은 자신의 농업경영은 물론이고 마을 일에 앞장서며 지역발전의 주역으로 기대를 한 몸에 받았다.

교직 은퇴 후 농장주로 김성구 씨

✽ 암과의 싸움 그 와중에도…일흔에 캐낸 '희망 연꽃'

교장으로 은퇴한 뒤 60대 후반에 농장 경영주로 변신한 김성구 씨가 충북 청원군 내수읍 은곡2리에 있는 자신의 농장에서 부인과 함께 재배통에 심은 연꽃을 돌보고 있다[9]. 김 씨는 "6월 중순이 지나면 연꽃이 활짝 피어 농장 전체가 환해진다"고 말했다. 충북 청원군에서 연꽃농장을 운영하는 김성구 씨(72)는 교장까지 지낸 경력을 내세우지 않고 흙과 함께 후반기 인생을 살고 있다.

✾ 생각지도 않은 연꽃과의 만남

충북 청원군 내수읍 은곡2리에서 '연꽃과 다육이 아름다운 집'을 경영하는 김 씨는 '교장선생님' 출신이다. 서울에서 대학을 마친 뒤 고향인 내수읍으로 내려와 1964년 교사 생활을 시작했고 1994년부터는 교장으로 일하다 5년 뒤 정년퇴직했다. 그는 "교직에 있으면서 사진 촬영과 서예 등을 취미삼아 했기 때문에 은퇴하면 사진 찍고 붓글씨 쓰면서 시간을 보내야겠다고 생각했었다"고 말했다. 그러나 교회 장로인 그가 2000년 충남 공주시에 있는 공주원로원을 위로 방문한 것이 전환점이 됐다. 은퇴한 기독교 교역자들이 지내는 요양원인 이곳 차기천 원장(목사)이 "김 장로님, 연꽃 한번 키워보지 않으시겠습니까?"라고 말을 꺼냈다. 그는 이때에도 자신이 연꽃과 함께 생활하리라고는 꿈도 꾸지 않았다.

한참을 지나 차 목사가 그에게 충북 청주시에서 연꽃 전시회를 해보라고 권유했다. 그는 학교 후배인 청주동물원장으로부터 동물원에서 전시회를 해도 좋다는 승낙을 받아냈다. 차 목사는 즉각 지름 1m의 연꽃 재배통 500개를 보내왔고 이때부터 그는 연꽃과의 전쟁을 치르기 시작했다. 2003년 무렵의 일이었다.

---

9 동아일보(2010.6.1.)

김 씨의 부인 송경자 씨(65)는 "고구마도 심어본 적이 없었는데 연꽃을 키우려니 고생을 엄청나게 많이 했다"고 말했다. 처음에는 동물원 직원들이 도와준다고 재배통에 흙을 담고 그 위에 거름을 넣어주자 당연한 순서인 줄 알았다. 하지만 연잎이 녹는 모습을 보고서야 잘못됐다는 사실을 깨달았다. 김 씨 부부는 "거름으로 쓰려고 소똥을 처음 만져보기도 했다"고 털어놓았다.

❀ 일하겠다는 의지가 암도 물리쳐

차 원장은 연꽃 전시회가 성공하자 재배통 500개를 모두 가져가고, 대신 그에게 150만 원을 건네주며 연꽃 재배용 비닐하우스를 지으라고 조언했다. 이 무렵 김 씨는 자신이 다니던 교회에서 어린이집 원장으로 일하면서 바쁜 나날을 보내고 있었다. 젊은이 못지않게 일하던 그는 2004년 12월 두 차례 하혈을 했다. 병원 진찰 결과 직장암 3기 판정을 받았다. 암이 있는 부위를 잘라낸 뒤 배변주머니를 달고 남은 생을 살아야 한다는 통보였다. 그는 '교사시절 삶의 질을 강조했기 때문에 현실을 받아들이기 싫었다'며 '수술을 하지 않으면 얼마나 살 수 있냐고 의사에게 물었다'고 당시를 회상했다.

그는 마침 아는 사람의 귀띔으로 경기 고양시 일산동구 국립암센터 박재갑 원장에게 다시 진료를 받았다. 중학교 후배이기도 한 박 원장은 "환부를 줄인 뒤 수술을 합시다"라고 말했다. 항암치료에 6주, 절제수술 이후 6개월, 복원수술 이후 6개월의 기약 없는 투병생활에 들어갔다. 그러나 그는 투병 중에도 어린이집 일과 연꽃 재배에서 손을 떼지 않았다. 그는 "오전 4시에 일어나 연꽃을 돌본 뒤 어린이집에서 일했고 다시 밤 늦게까지 연꽃을 관리했다"며 "청주에서 일산의 암센터까지 3시간 거리를 2번 빼고는 모두 직접 차를 몰고 가 치료를 받았다"고 말했다. 김 씨가 암을 이기자 같은 병실에 있었던 환자 5명은 "김 선생님에게 기적이 일어났다"고 입을 모아 말했다.

그는 올해 3월 현재의 자리에 땅을 빌려 농장을 옮겼다. 600평 크기의 농장은 청주~충주 국도 바로 옆에 있어 찾는 손님이 많다. 그동안 단골도 생겨 부부의 생활비는 거뜬하게 충당할 정도로 수입을 올린다. 그는 "100평짜리 비닐하우스만 있어도 누구라도 갈 곳과 일할 곳이 생긴다"며 "교장을 지낸 뒤 농장 사장을 할 줄은 몰랐지만 80세까지는 이 일을 할 수 있다"고 말했다.

'귀어' 막상 해보니 공무원보다 낫네요

부산시 기장군 대변항에서 미역·다시마 양식을 하고 있는 최일천(50·사진)씨는 한겨레뉴스(2014.10.7) 해양수산부로부터 '귀어·귀촌 우수사례'로 뽑혔다[10]. "공무원 생활보다 소득이 괜찮어요. 직장 그만두면 못 살 줄 알았거든요." 2014년 기장군 국립수산과학원에서 열린 국내 첫 '귀어·귀촌 종합센터' 개소식에서 귀어 5년차로서 자신의 성공담을 털어놨다.

"연매출 8천만원, 비용 빼고 순수익은 5천만원 정도 됩니다. 공

10 한겨레뉴스(2014.10.7.)

무원 시절 연봉은 3천만원이었는데…. 중요한 것은 여기 어촌에는 정년이 없습니다. 열심히 일하면 더 많은 소득을 올릴 수 있어 아주 편합니다." 그는 오늘날 건강도 되찾았다. "직장시절에는 고혈압, 비만과 스트레스가 많았고, 사무실에 앉아서 계속 근무하여 허리협착증이 생겨 수술을 받았어요. 이제 몸무게도 78kg에서 71kg으로, 허리둘레는 38인치에서 32인치로 줄었습니다."

대변항에서 태어난 최씨는 기장중과 울산공업고 전기과, 울산대 물리학과를 나온 뒤 울산시청 지방공무원(전기직)으로 15년이나 근무했다. 이후 일반회사에서 다시 10년을 근무하는 등 도시생활이 몸에 배었다. 그러나 '일반 기업체에서는 노후보장이 안 된다'는 판단해서 귀어를 결심했다. 대변항에서 미역·다시마 양식을 하던 아버지가 2009년 세상을 뜬 것도 한 이유가 되었다. 그래서 40대 중반의 나이에 고향으로 돌아와 '인생 이모작'을 시작했다. 어촌에 기반이 없는 도시민들이 귀어를 하기란 쉽지 않았다. 하지만 남동생이 고향에서 아버지의 가업을 이어받아 운영하여 최씨는 크게 부담을 갖지 않았다.

"당시엔 정부로부터 한 푼도 지원받지 못했습니다. 귀어비용으로 1억원 들었어요." 마을공동어장 1ha를 추가로 임대하고, 새로 건조된 배 한 척(2.42t)을 사는 데 7천만원, 미역·다시마 건조장 시설에도 3천만원이 들었다. 물론 아버지가 하던 양식장 1ha와 양식장 관리선 1t, 어촌계원 자격증을 승계 받아 한결 귀어가 수월했다. 그는 귀어정착을 위해 2년 동안

동생 밑에서 일을 배우며 연봉 3천만원을 받았고 마을 주민들과 어울림도 중요시했다.

"어촌에 연고가 없는 사람이 귀어를 하려면 5년은 더 걸립니다. 수협출자금 200만원을 내고, 5년 동안 수산 관련 일을 해야 어촌계 자격증을 받을 수 있는데, 심사를 통과해야 합니다. 안 받아주는 어촌계도 있죠." 진입장벽이 있지만 노력하면 가능하다고 했다. "요즘 어촌인력이 필요한 곳들이 많아요. 일하면서 월수입 200만원 정도 벌면서 5년 동안은 일을 배워야 정착할 수 있습니다."

최씨는 7~8월 비수기를 빼고는 하루 6시간 일하며, 아침 6시에 기상해 7시 배 타고 양식장이 있는 바다에 나간다. 그리고 11시에 돌아오며, 오후 일과도 비슷하여 4시 정도에 집으로 돌아간다. "요즘은 기계로 일하기 때문에 그렇게 힘들지는 않고, 배멀미만 안하면 됩니다. 양식장은 배 타고 5분만 나가면 되고요. 처음 일 배울 때 근력이 없어 힘들지만 근력이 생기고 요령을 알면 괜찮습니다. 근해에서 일해서 위험성도 없고요." 최씨는 아들만 둘(1990, 95년생)인데 자기 하고 싶은 일을 하다가 언제라도 원하면 자신의 일을 물려줄 계획이었다. "500가구 정도인 대변항만 해도 아버지 대를 이으려고 도시생활을 접는 사람들이 있어요."

앞으로 계획은 뭘까?를 물었다. "양식장을 확대하기보다 양식업을 6차 산업으로 바꿔 생산·가공·유통까지 하고 싶습니다. 그러면 고부가가치가 생길 겁니다." 최씨는 1년에 생미역 45t, 건조다시마 7t을 생산하는데 매출은 8천만원 조금 넘는다고 했다. 50%는 도매상에게 넘기고, 50%는 직접 구매하러 오는 사람들한테 판다. "수협에서 수매를 해주면 좋은데, 안 해줍니다. 전라도에서는 다 해주는 것으로 아는데. 멸치는 경매를 보는데, 해조류는 안 해줍니다."

07. 외길 인생 새로운 전문분야에서 활동

자동차 인생 36년 경영컨설턴트로

전문가의 새로운 사업은 다소 기대 속에서 바라본다. 외길 인생을 걸으며 쌓은 역량을 어떻게 발휘하고 사회에 기여할지 관심이 쏠린다. 박재찬(63)씨는 자동차 업계에는 알려져 있고, 대우자동차 해외법인 지사장, GM대우 상무, 벤츠 1위 딜러인 한성자동차 사장, 더클래스효성 대표이사 등 경력이 화려하다. 그는 2014, 2015 국제전기자동차엑스포의 사무총장도 맡았다. 자동차 업계에서 근무경력을 가진 그가 새로운 전문분야에 도전했다.

박재찬 대표는 지난 10월 'think korea solution partners(싱크코리아솔루션파트너)'라는 컨설팅 업체를 설립해 제2의 인생을 시작했다[11]. 박 대표는 그 동안 쌓은 노하우를 자동차 쪽에 한정하지 않고, 홍보·광고 등 전통적인 커뮤니케이션과는 달리 새로운 방식으로 접근하고 싶었다. 그가 하는 일은 일반 컨설팅회사가 지향하는 바와 다르

11 아시아투데이(2015.12.30.)

게 생산적 사고모델과 창의적 문제해결 등을 내세운다. 문제치료에 초점을 맞추는 컨설팅업체와 달리 고객과 함께 실제적, 창의적인 해결방법을 도출하고 개인의 잠재역량을 끄집어내고 있다.

박 대표의 새로운 사업은 개인의 성취인 동시에 대한민국 사회에 대한 메시지를 담고 있다. 조급한 성과주의적 풍조에서 벗어나 성숙한 조직문화가 발달하면 문제해결법은 더 복잡하므로 창의적인 사고가 필요하다. 박 대표는 이러한 변화에 맞는 해법을 제시해 바람직한 발전을 이루려는 사회에 기여하고자 한다.

박대표는 이미 은퇴할 나이가 지났지만 삶과 일에 대한 박 대표의 열정은 청년 못지않고, 일 자체가 배움의 길이라 생각했다. 컨설팅을 위해 지난 8년 동안 틈틈이 공부하며 준비했다. 캐나다에서 컨설팅 교육을 이수하고 출간활동에도 열심이다.

'Think Better' 번역서와 공저로 참여한 '뷰티풀리더'에 이어 최근에는 '세일즈의 탄생'이라는 번역서를 출간했다. 자동차 업계에서 보여준 그의 사업역량이 새로운 컨설팅 업계에서 어떤 식으로 빛을 발할지 기대된다.

27년 외길 홍보맨 한일교류 이모작 인생

장상인 씨(55·사진)는 직장생활 32년 가운데 홍보 업무만 27년을 해온 베테랑 홍보맨이었다[12]. 한전과 대우건설을 거쳐 팬텍계열

12 중앙일보(2008.2.14.)

기획홍보실 전무를 지내던 그는 갑자기 새 길을 찾아 떠났다. 잔뼈가 굵은 홍보 일이 아니었고, 직장에서 '부전공'이던 일본 관련 업무로 인생 이모작에 새롭게 도전했다. 정상인은 2008년 회사를 사직하고 JSI파트너스라는 업체를 창업하여 독립했다. 일본기업의 한국 내 진출과 투자, 그리고 한국기업의 일본 내 진출과 투자를 지원하는 마케팅 지원업체이며, 한국 건설회사의 일본 건설현장 연수 프로그램도 개발하고 있다.

그는 은퇴를 생각할 나이지만, 아직도 큰 꿈을 꾸었다. 한일 기업의 연결은 물론, 양국 문화 교류의 전도사 노릇까지 하겠다는 포부였다. "드라마·역사물·공연·소설 등 다양한 장르의 문화 콘텐트를 상호 교류해 새로운 동아시아 문화의 르네상스를 만드는 데 일조하고 싶습니다. 한국의 유명 프로덕션과 손잡고 이미 한일 합작 역사 드라마도 기획하고 있습니다."

그의 내공을 엿볼 수 있는 것이 2008년에 발간된 『현해탄 파고 저편에서』(모자이크, 352쪽)란 책이었다. 일본을 500여 회 다니면서 직접 체험하고 살펴본 내용을 담았고, 일본인맥을 쌓은 과정, 일본인의 기업가 정신과 대중문화를 상세하게 다뤘다. 그리고 임진왜란 때 일본에 끌려갔다가 기독교 성녀가 된 '왕녀' 줄리아의 사연, 당시 끌려간 한국 여인이 현지 사무라이 남편과 본국의 선비 남편 사이에서 번뇌하는 내용을 다룬 일본 설화 뮤지컬 '쓰바메' 등 한일 양국교류와 관련한 다양한 사연도 발굴했다.

평생 홍보업무를 하면서도 이렇게 일본통이 된 비결을 묻자 그는 "지극정성은 국경을 넘어 통한다"고 대답했다. 그는 알고 지내는 일본인 집안이 상을 당하면 즉각 바다를 건너가 상갓집에서 밤을 새우기 일쑤였다. 일본을 알고 접근하되, 한국 특유의 진한 정과 정성을 보태 효과를 극대화했다는 설명이었다.

남은 인생을 더욱 의미있게

KBS '생방송 심야토론'의 진행자였던 방송인 정관용 씨는 인간의 삶은 '30-20-40(서른 살까지 배우고 쉰 살까지 일하다가 아흔 살쯤 죽는 인생)'이라며 "이제는 인생 이모작 시대가 아니라 삼모작 시대를 대비해야 한다"며 "진정한 인생 삼모작을 위해선 성공 신화가 아니라 행복 신화가 필요하다"고 강조했다. 인생 삼모작을 시작하면서 봉사를 통해 행복 신화를 만들어가는 쉰 살 멋쟁이들도 있다.

삼성전자 구미지원센터 인사그룹에서 일하는 최용호(50) 부장은 4년여 전부터 색소폰에 빠져 살았다. 특히 지난해엔 음악을 좋아하는 동년배들끼리 뭉쳐 색소폰과 드럼 5인조인 'SD앙상블'을 결성, 요양원이나 다문화 가정행사 등에 음악 봉사를 해왔다. 최 부장은 은퇴 후에 음악 봉사를 하면서 인생을 살고 싶다. 그는 "쉰 살을 맞아 더 수준 높은 음악 실력을 갖추는 것이 목표"라고 밝혔다.

대전에서 열쇠 가게를 운영하는 유영수(50) 씨는 플랜코리아를 통해 베트남 아이들을 후원했다. 어린 시절 양친회(플랜코리아의 전신)를 통해 도움 받았던 것을 가슴 깊이 기억하고 있는 유 씨는 언젠가 자신도 타인을 위한 삶을 살겠다고 결심하여 10년 전부터 실천해왔다. 그는 '50대 대부분이 한국전쟁 이후 국제구호단체의 도움을 받았기 때문에 그 동안 받았던 도움을 우리보다 힘든 처지의 사람들에게 쏟고 싶은 마음일 것'이라고 설명했다. 유 씨는 양친회를 통해 자신을 후원해준 미국인 윌리암 테일러 씨를 만나 감사의 마음을 전하고 싶은 소망도 가졌다.

지난 해 경남 김해 지역에 퓨전포차 '홍합이야기'를 개업한 배이목(50) 사장의 창업 동기는 특별했다. 20년 이상 태권도장을 운영하던 배 사장은 장애인 학교에서 봉사 활동을 시작하게 되면서 태권도장을 정리하고 특수체육 쪽으로 방향을 전환했다. 학교에서 특수체육을 전담하는 한편 방과 후 수업을 위해 작은 체육관을 임대해 아이들의 신체활동을 도와왔다. 그러나 봉사 활동에 전념하면서 경제적인 어려움이 생기자 창업에 나섰다. 50세를 맞아 어려운 길을 택한 배 사장은 "인생 후반기에 접어들면서 봉사로 인생의 방향을 바꾼 것은 무척 잘 한 일이다"고 말했다.

08. 뒤늦게 깨달은 선교 소명, 말씀 따라

"60대가 된 이제야 제 소명이 무엇인지 깨달았습니다. 선교사로

새로운 인생을 살 겁니다." 25일 서울 서대문구 독립문로의 한 카페에서 만난 박근배(60·사진) 서울 신촌감리교회 장로는 이같이 말했다. 박 장로는 기독교대한감리회의 선교 사역을 지원하기 위해 2013년 4월 만들어진 (사)러브월드의 이사이기도 하다. 그는 2014년 12월에 필리핀 마닐라로 출국해 선교사로서 '인생의 후반전'을 시작했다[13].

"마닐라에서 멀지 않은 리잘 지역에서 사역을 할 생각입니다. 저의 목표는 현지 선교사나 은퇴 목회자들이 묵는 숙소인 선교타운을 짓는 겁니다. 그리고 현지 아이들을 대상으로 하는 직업학교도 설립해 아이들에게 새로운 희망을 선물하고 싶습니다." 박 장로는 1980년 전국은행연합회에 입사하여 금융계에서 20년 이상 기획홍보 업무 등을 담당하다 2003년 퇴사했다.

사업가로서 새로운 삶을 살고 싶었으나, 손대는 사업마다 번번이 실패했다. 2003년 11월 서울 답십리에 개업한 골프연습장이 시작이었다. 장사가 안 돼 2006년 소고기 수입업에 손을 댔으나, 2008년 '광우병 촛불시위'로 된서리를 맞았다. 2009년에는 태국 골프투어 알선회사를 개업했는데, 2010년 태국에서 대규모 반정부 시위가 발생하여 사업을 폐쇄하게 되었다. "사업이 뜻대로 되지 않으니 언젠가부터 이런 생각이 들더군요. 아, 나는 사업을 해서는 안 되는 사람이구나. 이런 상황에서 4년 전부터 갑자기 몸이 아프기 시작했어요.

13 국민일보(2014.11.27.)

음식을 잘못 먹으면 몸이 붓는 정체 모를 병에 심한 비염까지 앓게 됐습니다. 그런데 태국이나 필리핀처럼 따뜻한 나라에 가면 괜찮아지더군요. 해외에서 선교 소명을 감당하라는 하나님의 뜻이라는 생각이 들었습니다."

박 장로는 2011년 감리교신학대 평생교육원에 입학해 1년 과정의 '선교사 훈련과정'을 이수했다. 그는 '필리핀에서 최소한 10년은 선교사로 살 계획'이라며 "건강만 허락되면 여든 살이 돼서도 선교사역을 감당하며 하나님의 사랑을 전하고 싶다"고 말했다.

09. 도보여행가 인생 후반전은 걷기로 출발

황안나 씨는 65세에 800km 국토종단, 67세에 4,200km 국내 해안일주, 산티아고, 네팔, 홍콩, 몽골, 동티베트, 아이슬란드, 시칠리아 등 50개국 여행, 75세에 여덟 번째 지리산 화대종주 완주한 도보 여행가이다[14]. 이 압도적인 기록의 주인공은 소녀 같은 미소와 차분함, 매순간 작은 것에 감동 받는 높은 감수성의 소유자이다. "그녀는 꽃 한 송이, 나무 한 그루가 눈물 나게 아름답다. 책 읽기와 영화 보는 것을 좋아한다. 나이가 들었어도 남편은 절대로 곁에 있어야 한다"고 말했다.

14 채널예스(2015.1.29.)

초등학교 선생님이던 저자 황안나는 쉰여덟의 어느 날 학교를 그만두기로 했다. '나를 찾기 위해서' 내린 선택이었고 길을 떠났다. 열정 넘치는 도보여행가의 탄생이었다. 사람들은 그녀에게 너무 늦었다고 말했지만 늦은 일이란 없었다. 길을 걷기 시작하면서 사진도 배웠고, 체력도 훨씬 좋아졌으며 어렸을 때 꿈이던 작가의 꿈도 이뤘다. 길이 그녀에게 건넨 수많은 선물들을 생각하면 그저 감사했고, 매순간이 무엇보다 참으로 소중하게 느껴졌다.

사람들이 도전을 망설이는 것은 상상 탓일지도 모르겠다. 해보지 않은 것은 어렵게 느껴지기만 한다. 그러나 일단 한 걸음 내딛으면 도전은 더 이상 근접 불가의 영역이 아니게 된다. 내 생활 안으로 들어온 단단한 현실일 뿐이다. 도전 앞에서 저자 황안나는 스스로에게 말한다. '하는 데까지는 해보자' 네 번째 책이었다. 저자는 "책이 부끄러워요!" 하며 수줍게 웃었다. 책으로 내려고 쓴 글이 아니라 그저 매일의 단상을 블로그에 끼적인 글들이라 누가 책을 샀다고 하면 부끄럽고 미안하다고 하며 가만히 웃었다. 그 웃음이 가을하늘처럼 맑고 청명해서 가슴이 시원하고 훈훈해졌다. 열정이 가득한, 청년 못지않게 젊은 삶을 살아가고 있는 도보여행가 황안나 씨는 인생 후반전은 걷기 시작하라고 권면한다.

'순간순간이 정말 소중하다. 매일 새벽 5시 40분에 헬스장에 다녀오신다고 하셨어요. 오늘도 운동하고 오셨어요? 게을러지고 싶으실 때도 있으실 것 같은데요. 14년째 다니고 있어요. 새벽 6시 정각부터 두 시간동안 해요. 특별한 일 있을 때는 운동량을 좀 줄이기도 하고요. 사람들이 저더러 '오래 살려고 운동하느냐?' 하는데 그건 아니에요. 다른 이들처럼 다이어트 하려고 다니는 것도 아니고요. 제가 원하든 원치 않든 백세시대라고 하는데 사는 날까지는 제 힘으로 움직이다 죽어야겠다고 생각해요. 그래서 운동은 꼭 해요. 지난 1일 인제 원대리 자작나무 숲을 갔다 왔는데 동행했던 사람이 그러더라고요. "선생님, 역시 나이 앞에 장사가 없군요." 라고요.

"전에는 매일 선두에서 날아다녔어요. 칠십대 초반까지도 훨훨 날아다녀서 늘 선두에 섰는데요. 올해는 일흔여섯이 됐잖아요. 이번에는 중간 그룹 뒤쪽에서 갔어요. 이렇게 서서히 힘이 빠지는 거죠. 그래도 다니면서 내가 일흔다섯까지는 다니겠지 했는데 어쨌든 일흔여섯에도 시작은 했어요. 이제 나이가 있으니까 어딜 가든 여기가 이번에 온 게 내가 마지막일지 모른다고 생각하고 다녀요. 꽃 한 송이, 나무 한 그루도 눈물 나게 아름다워요. 다른 사람들이 느끼는 것보다 배로 더 감동이 오죠" - 중략 -

10. 나이 50에 배움을 통해 거듭나다

지천명의 나이에 뒤늦은 배움의 길을 통해 인생의 새로운 행복을 찾아가는 경우도 있다. 50세를 맞는 보험설계사 성진숙 씨는 지난 2008년 디지털서울문화예술대학교 실버요양산업학과에 입학해 공부에 맺힌 한을 풀었다. 그 동안 많이 배우지 못했던 성 씨는 늘 공부에 대한 열망을 간직하고 있었지만, 여러 사정으로 인해 차일피일 꿈을 미뤄왔다. 하지만 50세가 되기 전에 다시 공부를 시작해야겠다고 결심하게 됐고 용기를 내 대학교에 입학했다.

성 씨는 '50대가 됐다고 주저앉기보단 끊임없이 자기개발을 하다 보면 사회에 기여할 기회가 올 것'이라며 '졸업 후 노인들을 위한 요양병원을 만들겠다는 희망을 갖고 있다'고 밝혔다. 2008년 같은 대학 한국언어문화학과에 입학한 초등학교 교사 황인천(50) 씨도 의미가 남달랐다. 그는 외국인들에게 한국어를 가르치는 일을 해보고 싶다는 소망 때문에 뒤늦게 대학교에 다시 입학하게 되었다. 황 씨는 '다들 50세가 되면 은퇴나 노후걱정에만 매달리는데 현재를 충실히 산다면 그 안에서 즐거움과 행복도 찾을 수 있을 것'이라고 조언했다.

2008년 30년째 경찰공무원으로 일하는 강용아(55) 신당파출소장은 50세가 되던 해인 2005년 한국사이버대학교 법학과를 졸업했다. 강 소장은 '적극적인 자기계발 노력을 통해 한 단계 도약할 수 있는 전환점이 50세'라고 강조했다. 강 소장은 대학 졸업 후 고려대 대학원을 마치고 현재 동국대학교에서 형사수사법 전공의 박사과정을 밟으면서 한국사이버대 외래교수직까지 겸임하고 있었다. 지난 2008년 한국디지털대학교 법학과를 졸업한 김유택(54) 삼성물산 건설부문 상무도 50세를 인생의 전환점으로 삼은 경우였다. 개인적인 사정으로 대학에 진학하지 못했던 김 상무는 업무에 필요한 법학을 체계적으로 배우고자 뒤늦게 공부를 시작했다. 그는 사내에서 노무관리 전문가로 통했으며, 적극적인 자기계발 노력 덕분에 노동부의 산재심사위원에 위촉된 데 이어 석탄산업훈장 수상의 영예를 안았다. 그는 "만약 50이라는 나이 때문에 망설이다가 뒤늦은 공부를 시작하지 않았더라면 결코 지금의 행복을 얻지 못했을 것"이라고 강조했다.

11. 5060 은퇴자들 '오피스족' 늘어난다

5060의 퇴직자들이 사무실을 만들어 친목도 즐기며 절세도 도모하고 있다[15]. 그래서 50세 이상의 법인설립이 최근에 34% 급증했다. 대기업에서 30년 동안 근무하다 2010년 퇴직한 김모 씨(63)는 2014년에 서울 마포의 자기 오피스텔에 경영컨설팅 업체로 법인을 설립하여 '기업경영 컨설팅업'이란 업종 등록도 마쳤다. 김씨는 컨설팅회사의 대표이나 컨설팅 업무는 한 달에 몇 건에 불과하다. 대부분 고향친구와 퇴직한 직장동료들이 1주일에 두세 번 사무실에 모

15 한국경제(2016.2.10.)

여 친목모임을 갖고 있다.

실상 김씨가 100여만원의 비용을 들여 법인을 설립한 이유는 은퇴 후에 '대표' 직함을 갖고 사회생활을 하고 법인을 통해 절세효과가 있기 때문이다. 채권투자와 부동산 임대로 연간 1억 5,000만원의 수익을 올리는 김씨는 수익 전부를 법인 소득으로 돌린다. 자신은 법인에서 연 5,000만원 정도의 급여를 받아서 수익의 10%인 법인세를 납부하고 있다. 한 해 910만원 정도인 건강보험료가 303만원으로 줄었고 법인설립 전에 비해 세금도 감소했다.

은퇴자들이 사업보다는 다른 목적으로 법인을 설립하여 아침에 출근하는 심리적 만족감과 절세효과를 누리고 있다. 중소기업청에 따르면, 50세 이상 법인설립자 수는 2010년 1만7,456명에서 2014년에 3만 2,577명으로 늘었다. 전체 법인설립자 중 50대 이상이 차지하는 비중도 2010년 28.94%에서 2014년에 34.74%로 증가했다.

은퇴자들은 법인에서 받은 월급을 용돈으로 쓰며, 일정 수익이 법인에 쌓이면 추가 투자도 법인 이름으로 집행한다. 일부에서는 설립한 법인을 다른 회사에 매각하여 추가로 수익을 챙겼다. 이모씨(58)는 7년 전에 설립한 법인을 지난해 여름 1,000만원에 매각했다. 지난해 2억 2,000만원의 순익을 올린 A회사는 절세를 위해 이씨의 법인을 사들였다. 4,400만원(2억원 초과 법인은 법인세율 20% 적용)을 내야했던 A사는 해당 법인인수로 순수익이 1억2,000만원으로 대폭 줄면서 세금 부담(2억원 미만은 법인세율 10%)도 1,200만원으로 감소했다.

새 부동산을 취득하려는 5060 은퇴자들의 관심도 많다. 지방세법에 따르면 설립 5년 내의 법인이 서울에서 부동산을 취득하면 5년이 지난 법인의 경우에 비해 등록세가 3배가량 중과된다. 이 때문에 5년 넘은 부실법인을 인수한 뒤 부동산 취득세를 줄이는 방법으로 이용한다. 개인소득을 법인으로 돌려서 세금을 줄일 수 있다. 이것은 절세의 일환으로 탈세나 불법은 아니나 안전한 방법으로 알려져 있다. 그러나 세무조사 과정에서 개인비용을 법인비용으로 처리한 것이 적발되거나 법인을 사고파는 과정에서 거래가격이 잘못 책정된 것이 적발되면, 뒤늦게 세금을 물어야 하는 상황이 생길 수 있다. 따라서 법인을 설립하여 단순한 절세수단보다 창업, 교육훈련, 재능기부 및 교제의 수단으로 활용하면 바람직하다.

이환우 전 전자랜트 코치, 은퇴선수를 응원하다

인천 전자랜드 프로농구단에서 코치를 역임했던 이환우 씨가 은퇴선수들의 제2의 진로개척을 위해 비영리사단법인 KPE4LIFE(Korea Physical Education for Life)를 정식 출범시켰다[16]. 스포츠 선수들은 은퇴 후 제2의 진로개척이 사회적 문제가 되며 평생 운동만 해오던 선수들이 운동 외에 새로운 직업을 찾기가 쉽지 않다. 이 법인은 은퇴선수들의 제2 인생설계에 대한 도움을 주고자 출범되었다. KPE4LIFE는 은퇴한 체육인들이 자립할 수 있도록 다양한 사업을 시행하여 안정적인 사회정착과 삶의 질을 향상하도록 도움을 준다. 2015년 10월

16 OSEN(2015.11.16.)

23일에 열린 '2015 수원시 사회적 경제 창업아이디어 경진대회'에서는 은퇴선수의 제2의 삶을 위한 다양한 아이디어로 우수상을 받고 이목을 끌었다.

실제로 운동선수로 은퇴한 체육인이 KPE4LIFE 법인을 운영하여 더욱 주목받고 있다. 전 여자농구 국가대표였던 권은정(前 현대 여자프로농구단) 씨가 회장을 맡았고, 그녀의 남편이자 인천 전자랜드 코치를 했던 이환우 씨가 사무총장으로 활동한다. 또한 조혜진(前 우리은행 여자프로농구단 코치), 이은영(前 금호생명 여자프로농구단 선수) 등으로 종목별 전문 강사진도 구성했다.

이환우 사무총장은 '코치생활을 정리한 뒤 체육인들이 은퇴 후에 할 수 있는 일이 극히 드물다는 사실을 피부로 느끼게 됐다. 창업교육, 정부지원을 받는 체계에 대한 교육을 받으며 은퇴한 체육인들에게 일자리를 창출해줄 수 있는 단체가 필요하다는 결론을 내렸다'라며 KPE4LIFE 설립배경을 설명했다.

KPE4LIFE는 2016년 3차에 걸친 은퇴선수를 위한 맞춤형 생애재설계 교육, 제주 국제동호인 농구대회 및 농구캠프 개최, 초등농구연맹 권역별 리그 운영 등 사업을 계획하고 있다. 이를 통해 커뮤니티를 확보하여 노인 및 장애인 생활체육의 지원, 멤버들을 위한 새로운 직업개발 등을 기대하고 있다. 2017년에는 각 프로그램의 규모 확장, 사업의 안정화 도모, 멤버들의 재취업 지원, 지도자의 국제교류를 목표로 삼아 달성하고자 한다.

이환우 사무총장은 지금은 은퇴한 농구선수 위주로 강사진이

구성되었지만, 박지성(前 축구국가대표 선수)의 초등학교 은사 이두철 선생님이 운영하는 축구교실과의 연계 프로그램도 계획 중이라고 전했다. KPE4LIFE의 가장 큰 목표는 프로구단 선수들과 협의하여 은퇴선수들이 지속적으로 활동할 수 있게 생태적 환경을 마련하는 것이다. 선수들이 학창시절, 더 나아가 젊은 시절을 바쳐 향상시킨 재능을 보여줄 시간은 한정되어 있다. 은퇴 후 지도자로 그 능력을 펼칠 무대도 극히 제한적이다. 따라서 KPE4LIFE 은퇴 체육선수들에게 찾아온 소나기를 막아줄 우산과 같은 역할을 할 수 있는 단체로서 체육인들의 은퇴 후 삶의 질 향상에 기여할 수 있다.

제7부

아름다운 인생 후반부 마무리

잘 보낸 하루가 행복한 잠을 가져 오듯이, 잘 쓰인 인생은 행복한 죽음을 가져온다.

- 레오나르도 다빈치

이 세상에 죽음만큼 확실한 것은 없다. 그런데 사람들은 겨우살이를 준비하면서도 죽음은 준비하지 않는다.

- 톨스토이

01. 잘 떠나려면 잘 살아야 한다

사람은 근본적으로 누구나 건강하고 행복한 삶을 희망한다. 현대사회에서 대다수 사람들은 물질적인 부에 이끌리어 건강하고 조화로운 삶을 잊고 살아간다. 생활하다가 주변에서 육체적, 정신적인 고통이나 죽음과 같은 결정적인 사건을 경험하면, 지나온 시간을 잠시 뒤돌아본다. 또한 참살이(well-being)가 무엇인지 잠깐 생각하다가 다시 일상생활로 되돌아간다. 요즈음 사람들은 육체적, 정신적인 조화를 통하여 몸과 마음, 일과 휴식, 가정과 공동체가 조화를 이루는 웰빙에 관심이 많다.

세계적 투자가인 워런 버핏은 80세 이후에도 왕성한 활동을 하면서 철저한 건강관리와 긍정적인 생각을 매우 중요시 했다. 오늘 하루를 충실하게 사는 것이 품위 있는 죽음을 준비하는 것이고 한 걸음씩 나아가는 바른 생활자세이다. 인간의 오랜 꿈이자 욕망은 불로장생이다. 2,300년 전에 진시황이 불로초를 찾아 헤맨 것이나, 현대인이 성장호르몬과 같은 검증되지 않은 노화방지법에 눈을 돌려서 시대를 초월한 인간의 욕망을 볼 수 있다.

인간은 오랫동안 무병장수에 대한 욕심을 부려왔다. 그 보다 어떻게 잘 늙어갈지(well-aging) 또는 어떻게 삶을 잘 마무리할지(well-dying)

에 대하여 무관심했다. 쇼펜하우어는 '삶은 연기된 죽음에 불과하다'고 말했다. 프랜시스 베이컨은 '죽음은 태어난 순간 시작 된다'고 언급했듯이, 이제 사람들은 인생의 끝자락을 바라보며 사는 것이 중요하다. 따라서 웰다잉은 웰빙의 출발선이자 도착지이다. 웰다잉 없는 웰빙은 무의미하며 웰빙 없는 웰다잉은 실현하기 어렵다. 죽음에 대한 깊은 성찰은 인생을 가치 있게 하고 인간과 사물을 사랑하여 삶을 한층 품격 있게 만든다. 웰다잉을 준비하는 삶은 여생을 의미 있게 살도록 도와준다. 실제로 분주하고 경쟁적인 일상생활에서 생명의 존엄성을 지키며 행복한 삶을 영위하는 것은 무척 어렵다. 살아온 날을 아름답게 정리하고 평안한 삶에 대한 마무리가 없다면, 웰빙은 영원한 신기루에 불과하다. 당하는 것보다 맞이하는 아름다운 죽음은 고령화 시대에 누구에게나 필수로 여겨질 수 있다.

모든 사람은 한번 살다 죽게 된다. 사람들은 어떻게 사는 것이 잘 사는 것이며 또한 어떻게 죽는 것이 잘 죽는 것일까? 많이 생각한다. 레오나르도 다빈치는 "보람 있게 보낸 하루가 편안한 잠을 가져오듯이 값지게 쓰인 인생은 편안한 죽음을 동반한다"고 말했다. 그러므로 행복한 죽음을 맞이하기 위해서는 잘 살아야 한다.

02. 웰다잉법, 시행 전 보완도 필요

2016년 1월 8일 웰다잉법인 '호스피스 완화의료 및 임종과정에 있는 환자의 연명의료 결정에 관한 법'이 국회에서 의결되었다[1]. 이 법은 2년의 유예기간을 거쳐 2018년부터 시행될 것이다. 웰다잉법의 주요 내용은 회복할 가능성이 없는 환자가 미리 밝혀둔 사전연명의료의향서나 가족의 합의에 따라 무의미한 연명의료행위를 중단하는 것이다. 이 법은 의사 2명이 환자가 회복될 가능성이 없다고 판단할 경우, 본인이나 가족의 뜻에 따라 인공호흡기 착용, 항암제 투여, 투석, 심폐소생술 등을 중단하고 최소한의 물과 영양분, 산소를 공급해 환자가 자연스럽게 죽음을 맞이하게끔 한다. 이것은 잘 먹고 잘 사는 웰빙(well-being), 나이를 잘 먹는 웰에이징(well-aging)에 이어 하나뿐인 인생의 마지막을 아름답고 품위 있게 맞이하는 것이다.

웰다잉(well-dying)은 일반적으로 생각하는 '삶과 죽음'이란 이분법적인 이해에서 벗어나 죽음의 과정에 관해 생각하게 된다. 웰다잉법은 환자, 보호자 혹은 가족들, 의사에게 각각 다른 의미로 다가올 수 있다. 환자의 입장에서는 자기 결정권을 존중하는 취지의 법으로 생각될 수 있다. 실제로 한국보건사회연구원의 2014년 노인 실태조

1 메디칼타임즈(2016.2.5.)

사에서도 65세 이상 노인 10명중 9명이 연명치료를 원치 않고 있었다. 보호자 혹은 가족 입장에서는 환자가 평소에 '연명치료를 하지 않겠다'고 의사를 표현한 환자의 뜻을 존중하여, 되도록 편안하고 의미 있는 마지막 시간을 가족들과 함께 보낼 기회이다. 의사의 입장에서 보면, 객관적 혹은 의학적으로 소생이 불가능하고 연명치료의 의미가 없다고 판단되어 연명치료의 중단을 고려할 수 있다. 이 경우에 살인방조죄 등이 적용되는 경우는 최소한 없을 것이므로, 의사들의 의학적 판단을 법적인 측면에서 존중해주는 제도이다.

웰다잉법의 내용에는 연명의료 중단에 대한 내용 및 호스피스 완화의료에 대한 강화도 포함되어 있다. 웰다잉법이 잘 정착하기 위해서는 호스피스가 활성화되어야 한다. 2015년 7월부터 호스피스완화의료가 보험급여를 받으면서 환자와 보호자의 경제적 부담을 덜어주어 많은 사람들이 서비스를 받고 있다. 그러나 국내 호스피스 병상 수는 1,000여 병상으로 전체 말기 암 환자가 이용하기에는 부족하다. 사회적으로도 호스피스완화의료에 대한 적극적인 관심과 인식으로 사회적인 공감대를 형성하는 것이 중요하다. 말기암 환자 외에 후천성면역결핍증, 만성폐쇄성 호흡기질환, 만성간경화, 등 비암성 질환도 점차 확대될 것이므로 이 질환들에 대한 이해 및 시설 확충이 필요하다.

웰다잉법이 국회 본회의를 통과한 것은 무의미한 연명치료로 삶을 잘 마무리할 수 있도록 환자의 자기결정권을 존중한 첫 법률적인 시도이다. 또한 호스피스 완화의료를 지원하는 제도적 장치가 법적으로 확립된 것도 매우 의미가 있다. 하지만 환자의지와 상관없이 경제적인 이유로 연명의료 중단 등, 이로 인해 야기될 여러 가지 문제들을 법령이 실행되기 전에 철저히 조사하여 지혜롭게 해결해야 할 것이다.

03. 품위 있는 인생 마무리

누구에게나 죽음은 가장 진지한 삶의 표현이며 경건한 삶의 완성이다. 삶의 마지막을 준비하는 관심은 여생을 어떻게 보람되고 알차게 보낼 수 있을 것인가와 맥락을 같이한다. 옛날에 죽음은 어둡고 음울한 감정의 표현으로 거부감이 심했다. 하지만 지금은 아름답고 품위 있는 인생 마무리에 대한 관심도 증가하며 준비하는 사람도 많아지고 있다.

웰다잉(well-dying)은 품위 있는 자연스러운 아름다운 죽음을 뜻한다. 요즈음 많은 장년들은 죽음을 긍정적으로 생각하여 아름답게 받아들이고 준비하는 교육에도 참가한다. 웰다잉 교육은 삶을 아름답게 죽음을 죽음답게 살기위한 것으로 웰빙과 일맥상통한다. 아름다운 인생의 마무리를 위해서 남은 인생을 품위 있고 잘 사는 방법을 진진하게 고민하며 인생을 다시 돌아본다. 웰다잉은 살아온 날을

웰다잉의 십계명

❶ 버킷 리스트 작성

❷ 건강 체크

❸ 법적 효력 있는 유언장과 자서전 작성

❹ 고독사 예방하기

❺ 장례 계획 세우기

❻ 자성의 시간 갖기

❼ 마음의 빚 청산하기

❽ 자원봉사하기

❾ 추억물품 보관하기

❿ 사전의료의향서 작성하기

아름답게 정리하는 평안한 삶의 마무리를 일컫는 말이다. 이것은 자신의 생을 뜻 깊게 보내며 남은 가족들에게도 도움이 된다. 고령화에 따른 각종 질병의 증가, 가족 해체와 1인 가구의 확산으로 급증하는 고독사 등이 웰다잉 추세를 이끌고 있다.

웰다잉 차원에서 비문(碑文)을 미리 생각해둔 사람들도 있다. 코미디언 김미화는 '웃기고 자빠졌네', 사진가 임종진은 '서투른 여유의 삶, 그저 이렇게 살다 간다'를 비문으로 지어 두었다. 국민 사회자로 널리 알려진 최광기는 자신의 비문에 '쉿! 깰라'를 쓰고 싶다고 말했다. '큰일이 있을 때마다 늘 사람들의 함성과 함께하다 보니 내가 잠에서 깬다면 그건 세상이 시끄럽다는 증거일 터'라는 게 그 이유다.

04. 상속과 증여에 대한 준비 필요

인생 후반부에 들어서면 누구나 인생을 아름답게 마무리하길 희망한다. 인생의 마지막을 보람 있게 보내고 가족에게 좋은 유산을 남기는 일은 모두가 원하는 일이다. 인생을 아름답게 보내는 것도 중요하지만 아름답게 떠나는 준비도 훌륭하다. 아름다운 마무리는 상속과 증여, 유언장 작성, 아름다운 마무리의 준비 등으로 구분하여 설명할 수 있다[2].

상속은 일정한 친족 관계가 있는 사람 사이에서, 한 사람이 사망한 후에 다른 사람에게 재산에 관한 권리와 의무의 일체를 이어주거나, 다른 사람이 사망한 사람으로부터 그 권리와 의무의 일체를 이어받는 일이다. 증여는 당사자의 일방이 자기 재산을 무상으로 상대편에게 줄 의사를 표시하고 상대편이 이를 승낙함으로써 성립하는 계약이다. 상속에 대한 준비를 해야 나중에 재산을 둘러싼 갈등을 예방하고 가족에 화목이 생긴다. 이를 위해서 재산상속에 대한 계획수립이 필요하다.

✻ 첫째, 은퇴기 생활유지에 필요자금 고려

살다보면 예상치 못한 비용이 은퇴기에 발생할 수 있다. 이 점을 감안하여 은퇴생활에 필요한 자금과 자녀에게 남겨줄 자금을 직접적으로 배분한다.

✻ 둘째, 원하는 대로 상속하기

재산을 특정한 형태로 상속 혹은 증여할 수 있다. 재산 중 일부는 사회에 환원하고 일부만 자녀에게 상속한다. 상속재산 중에서 특정재산을 특정 자녀에게 상속하는 경우에 계획이 필요하다. 미리 수립된 계획이 없으면 본인의 희망처럼 상속이 진행될지 알지 못한다.

✻ 셋째, 가족 간의 분쟁방지

상속에 관련된 일을 사전에 준비하지 않으면, 본인 사후에 가족

---

2 금융감독원(2015), pp.58-69.

이 재산문제로 다툼을 벌이거나 재판으로 법정에 갈 수 있다. 분쟁소지를 줄이기 위하여 사망이전에 본인의 뜻에 따라 증여한다. 최근에는 상속에 대한 인식들도 다양하게 나타나고 있다. 평균수명이 증가해서 사망 후에 상속하려는 사람들이 많아지고 있다. 하지만 사전에 상속재산을 증여하거나 사회에 환원하는 관심들도 크게 증가했다.

어느 연구원의 조사결과, 사망 후에 법정상속 혹은 유언상속을 하겠다는 사람들이 47.6%로 가장 많았다. 그러나 사망 전에 사전증여를 하겠다는 경우도 34.2%에 이르고 사회환원을 원하는 사람도 17.7%로 나타났다.

상속은 단순히 많은 재산을 자녀에게 물려주는 것으로 끝나지 않는다. 성공적인 상속은 자녀가 물려받은 재산을 잘 유지하며 자기 삶의 꿈과 목표를 효과적으로 달성하기 위하여 잘 활용하는 것이다. 상속을 성공적으로 하기위해서 자기 삶의 철학, 가치관 및 교훈을 가족들과 충분한 대화를 통하여 전달할 필요가 있다. 한편 자녀들은 부모의 철학과 교훈을 토대로 상속재산을 잘 관리하고 효과적으로 활용할 수 있다.

05. 상속과 증여는 어떻게

상속과 증여의 차이

모은 재산을 자녀에게 물려주거나 사회에 환원할 때에는 본인이 사망 후에 상속하는 방법과 사망 전에 증여하는 방법이 있다. 상속이나 증여의 경우에 세금을 납부하며, 사전에 계획하면 세금을 줄일 수 있다. 상속은 본인이 사망한 후에 발생하며, 증여는 생전에 본인 의사에 따라 행해지는 차이가 있다. 하지만 상속세는 상속재산에 상속개시일 전 10년(상속인이 아닌 자에 증여재산 5년) 이내에 증여재산을 합쳐서 부과된다. 따라서 사망 시점으로부터 10년(5년)간의 증여재산과 상속재산의 총합에 상속세가 과세되는 것이다. 현재 한국의 상속 및 증여세율은 10~50%의 누진공제 세율을 적용하고 있다.

법정 상속

우리나라는 유언상속이 우선이며, 개인 사망 시에 유언이 먼저 적용된다. 하지만 유언이 없으면, 민법에 정한 순위에 따라 상속이 결정된다. 법정상속은 법이 정한 사람들이 죽은 사람의 재산을 넘겨받는 일이다. 2015년 법정 상속순위는 민법에 제1~제4 순위가 정해져 있고, 법적 배우자는 항상 상속인이 아니다. 법정상속분은 배우자를 제외한 모든 사람에게 균등하게 적용되고, 배우자에게 50%의 가산이 주어진다. 다시 말해, K씨가 사망하고 사후에 배우자와 자녀 2명이 있으면 상속분은 배우자: 자녀 1:자녀 2 별로 1.5:1:1이 된다.

상속세와 증여세의 절세방안

우리나라의 상속 및 증여세율은 과세표준에 따라 세율이 누진적으로 적용된다. 과세표준은 개인의 실제 상속재산에서 상속이나 증여로 추정되거나 간주되는 재산은 더하고 법에 의해 정해진 일련의 공제항목을 뺀 금액으로 실제 재산과 다소 차이가 있다. 하지만 최고세율이 50%에 달하므로 미리 준비할 필요가 있다. 상속 및 증여 시 세금을 절약하는 방법을 활용하는 것이 좋다.

✽ 첫째, 배우자 상속공제를 활용한다.

배우자 상속공제는 최소 5억원~최대 30억원이다. 실제로 법률상 혼인 신고한 배우자 상속공제가 늘어나면 그 만큼 상속공제를 줄일 수 있다.

✽ 둘째, 동거주택 상속공제를 이용한다.

사망자와 동거한 상속인이 그 동거주택을 상속받는 경우 일정요건이 충족되면 동거주택 가액(한도 5억원)의 40%를 상속공제 받는다.

✽ 셋째, 상속과 증여를 적절히 활용한다.

상속세는 사망한 사람의 전체 상속재산에 대해 세금이 부과된다. 증여세는 특정 재산을 증여받은 사람에게 부과된다. 따라서 상속세 과세표준액이 30억원을 넘는 경우 상속세는 50%의 세율이 적용된다. 사전에 10억원씩 3명의 자녀에게 증여했다면, 각각 30% 세율이 적용되어 세금부담을 줄일 수 있다. 그러나 상속세가 증여세보다 많다고 단순히 세율의 비교보다는 공제항목과 유·불리를 종합적으로 검토하여 판단한다.

✽ 넷째, 부담증여를 이용한다.

부담증여는 부동산의 채무를 증여받은 자가 인수하는 조건으로 증여하는 것이다. 이를 테면 대출 1억원이 포함된 시가 2억원 아파트를 증여하는 경우에 증여받는 자가 대출금을 이어받는 조건으로 증여한다. 증여받는 사람은 1억원에 대한 증여세, 대출 1억원에 대한 양도소득세를 납부하므로 경우에 따라서 양도소득세가 증여세보다 유리하게 작용한다.

✽ 다섯째, 가치가 크게 오를 수 있는 재산부터 증여한다.

증여세는 당시 가치를 계산하므로 시세가 오를 수 있는 재산부터 증여하거나, 일시적으로 하락했을 때 증여하는 것도 고려한다.

06. 유언장 작성

유언장은 유언내용을 적은 글발로 친족 간 상속분쟁을 예방하는 최선의 방법이다. 상속재산 문제로 배우자 혹은 자녀들이 법정에서 다투지 않으려면 생전에 준비하는 것이 중요하다.

❀ 첫째, 유언장 작성

유언이 없으면 민법에서 정한 선순위의 법정상속인에게 상속재산이 분배된다. 유언장은 반드시 민법에서 정한 방식에 따라 작성한다. 유언의 방식은 자필증서, 녹음, 공정증서, 비밀증서 및 구수증서 방식이 있다. 이러한 5가지 방식을 따르지 않으면 유언의 효력이 없다.

❀ 둘째, 유언의 변경과 철회

유언자는 유언 후에 몇 번이라도 유언의 내용을 보충, 변경 및 철회할 수 있다. 새롭게 유언을 하거나 유언의 일부 혹은 전부를 철회하는 것이 가능하다. 공증한 유언내용도 철회나 수정이 가능하며, 유언내용의 수정은 분쟁의 소지를 방지하기 위해서 공증사무소를 찾는다. 공정증서의 유언에 필요한 서류들은 유언자의 구비서류, 증인의 구비서류, 유언목적물 구비서류, 유언집행자, 유언공증 비용 등 다양한 종류가 존재한다.

07. 아름다운 마무리를 위한 준비

죽음(마무리)에 대한 생각과 자세

인간에게 영원한 화두는 '우리는 어디서 와서 어디로 가는가?'

라는 물음이다. 이를 계기로 종교와 철학이 생겨났지만 명쾌한 해답은 종교학자, 철학자도 찾지 못하며 다르게 나타난다. 인생여정의 끝인 죽음은 어떤 곳일까? 키에로는 "만일 죽음이 영혼을 아주 없앤다면 죽음은 확실히 무시돼야 한다. 만일 죽음이 영혼을 영생할 수 있는 곳으로 이끌어간다면 오히려 죽음을 열망해야 한다. 제3의 경우란 있을 수 없다".고 말했다. 이렇듯 모든 인간에게 삶 아니면 죽음이다.

사람에게 출생일은 태어나는 순서가 있지만 죽음에는 순서가 없다. 사람에게 삶의 모습처럼 죽음의 모습도 다양하다. 하지만 죽음은 모든 이에게 공평하며 백만장자도 비껴가지 못하고 장군도 이기지 못한다. 인간의 삶 자체가 죽음이다. 어떤 사람에게 죽음은 태산처럼 거룩하나 어떤 사람의 죽음은 깃털처럼 가볍다. 현명한 사람은 평정한 마음을 지닌 채 인생을 마무리한다. 사람은 누구나 품위 있게 죽음을 맞이하길 희망한다. 의학박사 M. 스캇 펙은 품위 있는 죽음의 조건으로 몇 가지를 말했다. 다시 말해, '죽을 경우에 자연사이며 육체적 통증이 없고 죽음을 받아들이면서 남은 이들과 화해 및 작별인사를 나누는 것'을 언급했다. "보통의 죽음은 터널을 끝까지 걸어가는 것이나 자살은 거기서 도망하는 것이다"라고 피타고라스는 말했다.

밀알이 죽어야 밀밭이 조성되며 자란다. 모든 것을 버리고 떠나는 죽음은 생명을 지닌 모든 것의 위대한 소명이다. 그런데 인간은 가급적 영원히 혹은 오랫동안 살기를 소망한다. 그래서 복제인간 혹은 냉동인간을 이러쿵저러쿵 말하며 육신의 영생을 꿈꾼다. 죽음을 이길 수 있는 것은 육신이 아니라 영혼이라는 사실을 외면하고 있다.

육신의 죽음으로 자유로워진 영혼은 어디로 가는가? 오스 기니스는 그의 저서 '소명'에서 말했다. "죽음은 세속적으로 종결을 의미하나 영적 측면에서는 인생의 절정이다. 우리는 평생 동안 여행을 한 다음에 집으로 간다. 수십 년 동안 목소리만 들어오다가 이제 얼굴을 보고 실체를 느끼게 되는 것이다. 우리를 부르신 분은 신이고, 마지막 소명은 그 부르심에 따라 떠나왔던 집으로 돌아가는 것이다."

인간은 두려움 때문에 죽음으로부터 도망치려고 한다. 그것은 지옥에 대한 두려움에서 벗어날 때가 된 것이다. 하나님은 단죄하는 분이 아니라 용서하고 사랑하는 분이다. 죽음의 순간에 삶은 완성되며, 이것은 세상의 삶을 완성의 반열에 올려놓은 것이다. 에리히 프롬은 죽음을 두려워하는 사람들에게 말한다. "모든 형태의 소유에 대한 갈망, 특히 자아의 속박을 버릴수록 죽음에 대한 공포는 약해지며 잃어버릴 것이 아무것도 없다".

맞이하는 죽음과 품위 있는 마무리

애플 창업주 스티브 잡스와 김수환 추기경은 맞이하는 죽음을 선택하며 삶을 품위 있게 마무리했다. 스티브 잡스는 암으로 시한부 선고를 받은 후에도 사회생활을 왕성하게 하며 남은 생애를 풍요롭게 만들었다. 김수환 추기경은 연명치료를 하지 말 것을 간곡히 부탁했고 세상을 떠나기 전 각막을 기증했다. K 아무개 씨(46)은 몇 년 전부터 매 연말에 유서를 작성한다. 그는 "형식도 없이 생각을 정리하면 현재와 미래를 어떻게 살지 선명해진다. 유산이 적어서 남은 물건도 어떻게 처리할지 글로 적는다."고 말했다. 이처럼 평소에 죽음을 맞이하여 준비하는 사람들이 늘고 있다.

죽음을 준비하는 사람은 삶을 보는 눈이 다르다. 문체부장관을 지낸 유인촌 씨는 드라마 혹은 연극공연으로 죽음을 연기했다. 주변의 지인이 오랜 병마에 시달리다 세상을 떠나는 모습도 보았다. 그는 "가족에게 평소 현대의학으로 완치되지 않는 상태가 되면, 차분히 남은 시간을 잘 활용하겠다."고 설명했다. 유인촌 씨는 2006년에 국립암센터 암퇴치 후원회장을 맡으며 공직 후에 연극계로 돌아와 되도록 감동을 주는 따뜻한 작품을 선택하고 있었다. 유 씨는 어떻게 품위 있게 늙고 타인을 위해 보람 있는 일을 하는 것에 관심이 많은 것 같다.

2011년 일본 다큐멘터리 영어 '엔딩노트'에서 할아버지가 손자에게 죽음을 '꽃이 피었다가 지는 것'이라고 설명한다. 서양에서는 아이들에게 집 강아지가 사고 또는 늙어서 죽을 때 어떻게 하겠느냐는 식으로 죽음을 교육한다. 10대 이후부터는 나이 들어 병들고 죽는 것이 자연의 일부로 받아들이도록 교육한다. 한 헤어디자이너는 '자신의 장례식을 붉은 장미로 장식해주길' 부탁했다. 어느 기업가는 '자녀에게 제사 대신 음식점에서 외식을 하고 식비는 돌아가면서 내라'는 유언을 남겼다. 삶에서 마지막 성숙의 기회인 죽음을 어떻게 준비하고 맞이할 것인가?

고 정기용 건축가의 경우 마지막 떠난 봄나들이에서 가족과 직원들에게 '여러분도, 나무도, 바람도, 하늘도, 공기도 모두 고맙다'는 말을 남겼다. 이것은 '좋은 죽음'의 한 사례라 볼 수 있다. 일본의 한 저널리스트가 폐암 말기 진단을 받아 죽음을 앞두고 쓴 '내 죽음의 방식: 엔딩 다이어리 500일'이 화제가 되었다. 2012년에 요절한 유통 저널리스트 가네코 데쓰오(향년 41)는 병을 알기 직전까지 많은 방송에 출연하며 활발히 활동했다. 인생의 황금기인 40대를 맞아 세상을 떠나야 한다는 통보를 받고는 자신의 장례식을 기획하고 죽음을 맞는 과정을 기록으로 남기기로 결심했다. 그는 장례식을 준비하면서 예산을 짰고 "인생의 조기은퇴 제도를 일찍 이용하게 됐다"며 마지막 인사도 준비했다. 그가 남긴 유고이자 임종의 기록은 일본에서 출간되어 10만부 넘게 팔린 베스트셀러에 올랐다.

2011년에 세상을 떠난 헤어디자이너 그레이스 리(향년 79)는 "내 장례식 때 핑크와 빨간 장미로 빈소를 꾸미고 탱고를 틀어 달라"고 평소 가족들과 지인들에게 남겼다. 리 씨는 국내 첫 유학파 헤어디자이너로서 1970년대에 단발머리 열풍을 불러일으킨 '한국 헤어계 대모'였고 패션지에 요리칼럼을 연재할 정도로 요리 실력이 뛰어난 미식가였다. 그의 수제자인 이희 원장(이희 헤어 앤 메이크업)은 "선생님의 당부대로 장례식은 아름다운 분위기 속에 진행했으며 주위에서 구경을 왔을 정도"라고 말했다. 가족들과 제자들은 탐스러운 분홍과 빨간 장미꽃으로 영정 주변을 장식했고 재즈풍의 찬송가도 틀었다. 딸은 어머니의 뜻을 받들어 자신이 가진 옷 중 가장 멋있는 옷을 입고 왔다. 지금도 그의 제자들과 자녀들은 그의 생일에 모여 와인을 마시며 고인에 대한 에피소드를 나눈다. 케이에스에스(KSS)

해운의 창업자 박종규(78) 전 회장(현 고문)은 1998년 유언장을 작성했다. 그는 가족한테 남기는 유언장에서 "내가 행복하게 산 것은 다른 사람들의 도움도 컸기 때문이다. 많은 불행한 사람들에게 조금이나마 보탬이 된다면 내 몸 하나 바치는 것은 아깝지 않다"며 장기기증을 하고 '남은 유골은 해양장을 해 달라'고 밝혔다. 박 씨는 '제사를 지내지 않도록 하고, 기일 아침 각자 집에서 사진과 꽃 한 송이를 두고 묵념추도만 하라'고 당부했다. 박 전 회장은 평소 평생 모은 재산을 회사 사주조합과 사회단체, 그리고 가족들에게 3등분해 나누겠다고 밝혀왔다.

존엄하게 죽을 권리

누구나 살다가 갑작스러운 사고를 우연히 당할 수 있다. 가령 심한 교통사고를 당하여 응급차량으로 병원에 후송되는 경우도 발생한다. 아주 불행하게도 의사로부터 '의식이 없고 회복될 가능성도 없으며 호흡이 불가능하다'는 진단을 받을 수 있다. 환자의 증상에는 변화가 없고 앞으로도 호전될 것 같지 않다. 의사는 튜브를 통해 수분과 영양을 공급할 것을 제안한다. 환자의 가족들은 의사제안에 찬성 또는 반대하거나 의견이 분분하다. 이에 대비하여 인생의 아름다운 마무리를 준비하는 것이 필요하다.

대법원은 2009년 5월에 치료가 불가능한 환장의 치료중단 의사를 추정하여 존엄하게 죽을 권리를 인정하는 판결을 내렸다. 식물인간 상태로 인공호흡기에 의존한 K할머니의 가족들은 '무의미한 연명치료 장치제거에 대한 소송'을 제기하여 승소했다. 대법원은 환자 본인이 원하지 않는 무의미한 연명치료는 개인의 인격권과 행복추구권에 위배된다고 보았다. 결국 K할머니는 인공호흡기를 떼고 약 200일 동안 생존하다가 78세로 사망했다.

사전의료의향서

환자는 질병 혹은 외상 등으로 의식이 없는 상태에서 스스로 의료조치에 대한 결정이 불가능할 때가 있다. 사전의료의향서는 이에 대비하여 환자의식이 명료할 때 죽음에 임박하여 제공될 치료에 대해 미리 준비하는 것이다. 여기에서 연명치료의 거부 또는 구체적인 치료항목을 선택할 수 있다. 국가생명윤리위원회에서 정한 환자가 결정가능 한 연명치료는 기술과 장비가 필요한 특수심폐소생술, 인공호흡기, 혈액투석, 기도절개 등을 통한 음식물 공급 등과 죽음의 과정에서 고통을 줄이는 호스피스 완화의료의 선택 등이다.

사전의료의향서는 법적 강제력을 갖고 있지 않다. 이 때문에 의료진이나 가족이 의향서를 무시하거나 자녀들이 '끝까지 진료'를 주장하는 경우도 있다. 사전의향서를 작성할 때는 의향서작성의사를 자녀들에게 설명하는 것이 좋다. 자주 가는 병원의사에게 알려 진료카드첨부를 요청하는 것도 바람직하다. 사전의료의향서는 작성 후에 언제든지 원하면 철회할 수 있다. 사전의료의향서는 특별히 정한 양식이 없다. 본인이 작성하고 싶은 내용을 적고 본인, 배우자와 가족의 이름을 적어 동의를 구한 후에 공증 받으면 법적 효력이 발생한다.

아름다운 삶의 마무리 준비

❶ 간병서비스 정보를 수집하라. 간병시설 혹은 전문병원에서 간병상담을 통해 정보를 수집한다.

❷ 재산관리를 도와줄 사람을 결정하라. 신체가 부자연스럽거나 인지증(치매)에 대비하여 재산관리인을 찾아 계약서를 작성한다.

❸ 어디에서 인생의 마지막을 보낼지 생각하라. 자택, 고령자 시설 혹은 호스피스완화 의료기관의 안내정보를 파악한다.

❹ 사전의료의향서를 작성하라. 뇌사상태 때 연명치료를 거부하고 싶으면 미리 작성한다.

❺ 장기제공에 대비하라. 장기제공을 희망할 경우에 등록하고 가족에게 알린다.

08. 등불의 삶을 살았던 품위 있는 인생들

평생 노동과 기도로 청빈했던 대천덕 신부

벽안의 외국인 고 대천덕(Reuben Archer Torrey III·1918~2002) 신부는 2002년에 우리 곁을 떠났다. 그는 평생 개척자로 살며 성령과 공동체, 경제정의를 주제로 한국교회를 성숙하게 만들었던 사람이다. "지붕 위에 올라가 공의를 외치고 싶다"던 그는 1992년 탐욕의 사회를 향해 이렇게 호령했다. "인간이 많은 것을 발명했다고 할지라도 땅을 창조할 수는 없습니다. 오직 하나님이 땅을 창조하셨으며 더 이상의 땅을 창조하시지 않습니다. 그분은 땅의 주인이시요, 오직 그분만이 땅의 분배와 사용 방법을 말할 권리를 갖고 계십니다. 땅은 하나님의 것이므로 거룩합니다."

대천덕 신부는 1965년 신앙공동체 예수원을 설립하고 노동과 기도의 삶을 실천하며 성경적 토지정의를 외쳤다. 그는 이 땅에서 평생 수도자적 청빈과 순종의 삶을 살았다. 대 신부는 기독교 전통의 토레이 가문에서 태어났고 부모의 신앙교육 아래서 성경과 논리, 그리고 자신의 신앙체험을 신앙의 근거로 삼았다. 그는 1957년 중국 선교사로 활동하다 방한한 부친을 따라 한국 땅을 밟았으며 성공회대학교의 전신인 성미가엘신학원을 시작하며 개척의 항로를 시작했다. 그 이후 공동체 훈련에 관심을 가지며 독특한 공동체를 만들었다. 강원도 태백시 하사미동에 위치한 예수원은 대천덕 신부의 삶과 열매를 고스란히 만날 수 있는 공간이다.

대 신부는 예수원에서 37년간 기도와 코이노니아(공동체 교제)를 추구하며 살았다. 그는 '기도하는 것이 노동이요, 노동하는 것이 기도이다'는 표어를 기도실에 걸어놓고 기도와 노동을 멈추지 않았다. 고희를 넘겨서도 하루 14시간씩 일하며 기도했고 1년이 지난 상담편지에도 답장을 보냈다. 베네딕트수도회 정신을 따랐던 대 신부는 예수원을 '한국교회의 쇄신과 세계선교를 위한 수도공동체'로 규정했다. 이를 위해서 예배와 중보기도를 공동체의 최우선 과제로 삼았다. 예수원의 일과는 하루 세 차례 예배와 노동을 중심으로 이뤄진다. 예수원 식구를 포함한 방문객들은 의무적으로 예배에 참석해야 한다. 아침(조도) 점심(대도) 저녁예배(만도)는 예수원 영성의 핵심이다. 대천덕 신부가 한국교회에 준 귀중한 선물은 코이노니아 신학이었다. 그가 주장한 성령론은 신자들이 거듭나면서 받는 성령의 은사와 동시에 성령의 열매를 맺는 삶을 강조했다.

대 신부는 경제적 삶에 있어서도 하나님께 모든 것을 청하고 받는 믿음의 원칙을 따라 살았다. 그의 삶은 '의인이 버림을 당하거나 그 자손이 걸식함을 보지 못 하였도다'(시 37:25)로 요약된다. 그는 재정적인 면에서 하나님을 신뢰했고 청지기 의식도 무척 강했다. 돈을 낭비해서는 안 되며 하나님이 명하시지 않은 것에 사용해서는 안 된다는 것이 철칙이었다. 그래서 미국 장로교 신학교인 프린스턴신학교에서 공부했지만, 후에 성공회 신부가 되었다. 당시 미국장로교 선교부의 후원비를 받으면 선교부의 명령에 따라 정해진 곳에서 활동을 해야 했다. 그는 무보수 선교사에 대해 부정적이었던 선교부를 떠나 성공회 본부 선교부를 찾아가 자비량 선교의 길로 나섰다. 이는 선교활동의 모든 것을 하나님께 맡긴 허드슨 테일러 선교사의 선교자세를 본받은 것이다.

대천덕 신부는 예수원도 믿음으로 시작하고 섬겼다. 그의 부인 현재인 사모는 "예수원의 재정원칙은 하나님이 공급하시는 만큼 일하는 것이었다"며 "결과는 놀라웠다"고 고백했다. 믿음에 입각한 삶, 하나님의 공급하심에 전적으로 맡기는 삶은 IMF 외환위기 때도 영향을 받지 않았고, 요즈음 같은 불황에도 어려움이 없다. 그가 별세했을 때 한국예수전도단 설립자 오대원(David Ross) 목사는 "그 어른은 그를 찾는 이들의 피난처 혹은 평화를 경험하는 너그럽고 안전한 자리였다"고 평가했다. 경제, 안보 및 삶의 위기로 어려움이 산적한 이 시기에 넉넉한 웃음을 가졌던 대천덕 신부의 빈자리가 더욱 크게 느껴진다.

남을 위한 마음의 큰 일꾼 김용기 장로

'한 손에는 성경을, 한 손에는 곡괭이를….'는 가나안농군학교 설립자인 일가(一家) 김용기(1909~1988·농민운동 및 교육가)장로가 평생 품었던 삶의 모토다. 김 장로는 성경적 가치관을 통한 개척정신으로 의식·생활 개혁에 앞장섰고, 이 땅에 노동·봉사·희생정신 일깨웠다.

1962년 3월 9일, 경기도 광주군 풍산리(현 하남시 풍산동)에 있는 가나안농군학교에 한 낯선 손님이 찾아왔다. 손님은 척박한 황무지를 개간하여 고구마, 감자와 딸기 등 작물을 재배하고 양계와 양봉장을 운영하는 학교현장을 둘러봤다. 방문객은 학생들의 생활태도에 가장 놀랐다. 학생들은 새벽 4시에 일어나 기도를 한 뒤 애국가를 부르며 운동장을 뛰는 것으로 하루를 시작했다. '일하지 않으면 먹지도 말라'는 구호를 외치며 달린 뒤 한 끼에 정해진 노동시간인 4시간을 일한 후에 식사했다. 또한 물자절약을 위해 비누는 2~3번만 문지르고, 치약은 3mm만 사용했으며 효과적인 농장운영과 지도력 배양을 위해 분임토의에 적극 참여했다.

1시간 30분 동안 이곳을 참관하고 설명을 들은 손님은 가나안농군학교 설립자이자 교장인 김용기 장로를 만나 이렇게 말했다. "이렇게만 하면 농촌이 잘 살 수 있지 않겠는가. 학교를 위해서 뭘 도와드리면 좋겠소?" 이때 찾아온 손님이 박정희 전 대통령이었다. 당시 박 전 대통령은 농업으로 가난을 극복하고 근검·절약을 강조하는 가나안농군학교에서 큰 영감을 얻었다. '근로·봉사·희생'을 교육이념으로 삼고 빈곤과 싸워 함께 잘 살아보자는 목표를 지닌 가나안농군학교는 1970년 정부주도로 실시된 새마을운동의 모태가 되어 한국 농민운동사와 현대사에 큰 발자취를 남겼다.

새마을운동의 모태가 된 가나안농군학교의 전신은 봉안 이상촌

(理想村)이다. 봉안 이상촌은 농민운동자인 김용기 장로가 1931년 고향인 봉안마을(현 경기도 남양주시 능내리)에 세운 마을로 성경에 나오는 에덴동산에서 영감을 받았다. 김 장로는 황무지 300평을 가족과 함께 일구다 35년 뜻을 함께 할 10가정을 모집해 마을을 확장했다. 그는 마을주민과 각종 생활개선·협동운동을 펼쳤고 농사에 선진농업기술을 적용하고 보급하는 데 힘썼다.

김 장로의 노력으로 이상촌은 나날이 발전했다. 그는 고구마 농사와 복숭아·배·포도 등 과일농사를 장려해 주민들의 소득을 높였으며 생활하는 데 편하도록 옷을 개량해 마을에 보급했다. 그 결과 인구는 5년 만에 40명에서 64명으로, 밭은 2만 1,487m^{2}에서 4만 2,975m^{2}로, 과수원은 1만 3,223m^{2}에서 3만 9,669m^{2}로 늘었다. 하지만 그는 한 번의 성공에 안주하지 않고 전국의 황무지를 찾아다니며 개척했다. 서울과 경기도 등지에서 제2, 제3의 이상촌을 세우던 그는 1962년 2월 가나안농군학교를 설립했다. 이것은 민족의 미래를 위해서는 올바른 농촌지도자가 반드시 필요하다는 그의 믿음 때문이었다.

김 장로는 학생들에게 민족 주체성과 국가·사회·가정관, 농업기술 등을 가르치는 한편 철저한 근검·절약 생활을 강조했다. 아무리 좋은 기술을 보급해도 정신이 바로서지 않으면 빈곤을 퇴치할 수 없다는 확신에서다. 이 때문에 김 장로는 학생들에게 가래침 함부로 뱉지 않기, 금연·금주, 일찍 자고 일찍 일어나기 등 구체적인 실천

강령을 제시했고 자신부터 몸소 실천했다. 이러한 그의 노력으로 가나안농군학교는 빈곤퇴치운동의 상징이자 농촌지도자의 산실이 됐고 이는 박 전 대통령이 주도한 새마을운동에 영향을 미쳤다. 김 장로는 그간의 공로를 인정받아 1962년 향토문화공로상을 받았다. 해외에서도 그의 정신을 높이 인정해서 1966년에는 필리핀 마닐라에서 막사이사이상을 수상했다.

1973년 강원도 원주에 제2가나안농군학교를 세우는 등 평생 농촌지도자교육에 힘을 쏟은 김 장로는 1988년 80세를 일기로 소천했다. 이후 김 장로의 자녀들은 아버지의 뜻을 이어 농촌지도자 육성에 힘썼다. 1992년부터는 국내뿐 아니라 세계로 '가나안 개척정신'을 전파했다. 가나안농군학교는 중국, 필리핀, 우간다, 볼리비아 등 12개국에 해외 가나안농군학교를 세우고 세계 곳곳에 빈곤퇴치운동을 펼쳐왔다. 김용기 장로가 펼친 이상촌 운동과 가나안농군학교는 기독교 이상을 사회에 실천한 좋은 사례였다.

김용기 장로는 변치 않는 삶의 진리를 고수하며 평생을 살았다. 근로·봉사·희생은 가나안농군학교의 3대 이념이다. 그는 땀 흘려 일하고(창 3:17), 남을 돕는데 힘쓰며(롬 12장), 자신의 유익보다는 타인을 위한 생활(요 12:25)을 성경적 삶의 진리로 믿고 이를 위해 솔선수범하며 살았다. 김 장로는 작은 것 하나라도 소중히 여기며 먼저 실천했다. 경기도 하남시에 위치한 제1가나안농군학교 교정에는 산소통으로 만든 일명 '개척의 종'이 눈에 띈다. 교육생을 깨우는 기상나팔격인 이 종은 김 장로가 처음 농군학교를 세웠던 1962년부터 지금까지 이어져오는 명물이 되었다. 깨지고 부서져 교체된 종까지 포함하면 벌써 5개째인데, 지금 교장인 아들 김 장로에게도 만감이 교차하는 물건이다. 그의 인생을 바꿔놨기 때문이다. 지금도 김장로의 가족은 매일 새벽 4시30분만 되면 어김없이 일어나 손수 종을 치면서 사람들을 깨웠다. 찬송가 '삼천리 반도 금수강산 하나님 주신 동산~'을 부르면서 운동장을 몇 바퀴씩 뛰었다. 그리고 까다롭기로 유명한 가나안농군학교의 생활규칙을 몸소 실천했다. '믿음(신념)과 실천'이 일치했던 김 장로의 한결같은 삶의 모습은 결국 김 장로 아들들의 평생 인생이정표가 되었다.

일사각오, 신행합일 표상 주기철 목사

주기철은 1897년 11월 25일 대한제국의 여명인 광무(光武)원년에 경남 마산 웅천에서 태어났다. 아명은 기복으로 1912년 겨울, 개통심상학교를 졸업한 14세 소년 기복은 춘원 이광수를 만나 천지개벽의 순간을 맞았다. 당시 오산학교는 구국의 동량들을 모아 훈육하고 전국의 기백 있는 청년들에게 진학의 문을 활짝 열고 기다리고 있었다.

이날 주기철은 오산학교에 가겠다는 다짐을 했다. 이름도 '기독교를 철처히 믿는다'는 뜻으로 '기철'로 바꿨다. 성도 주(朱)씨여서 붉은 피로써 기독교 신앙에 목숨을 바치겠다는 의지를 굳혔다. 마침내 주 목사는 오산학교에서 남강 이승훈의 기독교적 정신과 춘원의 휴머니즘을 배웠고 고당 조만식이 교장으로 부임하면서 경건한 신

앙적 분위기를 체득했다.

주 목사는 꽃다운 소년의 감수성을 가지고 15세의 나이에 오산에 왔다가 18세에 오산을 떠났다. "헐벗고 굶주리는 백성을 살리는 길, 그 길을 위해서 일하겠습니다." 주기철은 1916년에 오산학교를 떠날 때 조만식 앞에서 다짐했다. 그러나 오산학교를 졸업하고 연희전문학교에 진학한 주기철은 1년 만에 갈 길이 아님을 깨닫고 중퇴했다. 고향 웅천으로 돌아온 주기철은 만 20세가 되던 해인 1918년 김해교회의 성도 안갑수(1900~33)와 결혼해 단란한 가정을 이루었다. 3·1운동 이후 김익두 목사의 마산지역 사경회에서 주기철의 인생은 다시 크게 변신했다. 산업을 통한 구국이념이나 정신적 실향자로서의 길에서 빠져나와 하나님의 종으로서 십자가의 길을 걷기로 결심했다. 그는 1922년 3월, 25세의 나이로 평양장로회신학교에 입학해 1925년 경남노회에서 목사 안수를 받고 1923년 1월 부산 초량교회의 위임목사가 되었다. 6년간 목회로 교회를 반석위에 올려놓은 주 목사는 갈등과 분열의 상처로 얼룩진 미산의 문창교회를 살리기 위해 당회장직을 내놓았다.

문창교회에서 시무하는 동안 주 목사는 목숨을 걸고 신사참배에 항거했다. '일사각오', '죽음의 준비', '예언자적 권위, 등 3편의 설교는 순교자의 길을 예고했다. 1936년 7월 불의에 대한 예언자적 항거로 점철된 문창교회에서 목회를 마감하고 마침내 평양 산정현교회로 향했다. 주 목사가 감옥에 있는 동안 일제의 신사참배 강요

공작은 집요했다. 1939년 대구경찰서에서 풀려나 평양으로 돌아온 주일 아침에 주 목사는 '다섯 종목의 기도'를 설교했다. "죽음의 권세를 이기게 하여 주옵소서, 지루한 고난을 견디게 하여 주옵소서, 노모와 처자를 주님께 부탁합니다, 의에 살고 의에 죽게 하옵소서, 내 영혼을 주님께 부탁합니다" 죽음을 앞에 둔 유언이며 기도였다.

1940년 네 번째 투옥되면서 교회마저 폐쇄됐다. 순교를 8일 앞둔 13일 주 목사는 "맏아들 영진이 장가 잘 보내고, 막내 광조 공부 잘 시키시오. 그리고 어머니를 봉양 못해 죄송합니다" 라는 유언을 남겼다. 평양 돌박산에 진달래가 한창 피어나던 1944년 4월 20일 아내와 마지막 면회를 끝낸 그 다음날인 21일 오후 9시 노모가 꿈에 예견한 대로 하나님의 부르심을 받았다.

"여보, 나 따뜻한 숭늉 한 그릇 먹고 싶은데…." 주 목사는 너무나 인간다운 한마디의 소망을 남겼다. 그는 죽어서도 평양을 떠나지 않겠다는 유언도 남겼다. 산정현교회와 해방의 순간을 함께 맞기 위해서였을까. 결국 주기철 목사는 해방되기 1년 4개월 전에 신사참배에 반대했다는 죄목으로 순교하여 일제에 끝까지 굴복 않는 민족정신을 보여주었고 등불의 삶을 살았다.

참고문헌

- 고득성외 3인, 계획하는 삶이 아름답다, 전국투자자교육협의회, 2010.
- 금융감독원, 자녀 독립프로젝트와 은퇴준비를 단단하게, 생애주기 금융생활 가이드 북 4, 2015a.
- 금융감독원, 노후를 건강하고 따뜻하게, 생애주기 금융생활가이드 북 5, 2015b.
- 김성웅 옮김, 하프타임, 밥 버포드 지음, 낮은울타리, 2005.
- 김혜령, 인생후반을 좌우하는 5대 리스크, 미래에셋 은퇴리포트 04, 2013.5.7.
- 박기호외 3인, 은퇴설계가이드, 전국투자자교육협의회, 2013.
- 서울특별시, 인생 이모작 준비하셨나요, 2015.
- 안전행정부, 퇴직공무원 길라잡이, 2013.
- 유경, 마흔에서 아흔까지, 서해문집, 2006.
- 오스힐먼, 하나님의 타이밍, 생명의 말씀사, 2013.
- 이성웅, 100세 시대 도래의 시사점과 정책방향, 100세 시대 종합컨퍼런스 발표자료집, 기획재정부·경제인문사회연구회, 대한상공회의소 국제회의장, 2011.12.8.
- 정봉현, 심고 거두며 빛을 발하라, 전남대학교출판부, 2013.
- 정봉현·한제선, 영혼육의 건강과 행복전략, 전남대학교출판부, 2011.
- 정은일, 내 인생의 작전타임: time-out, 함께북스, 2013.
- 국민일보 미션라이프 http://www.kmib.co.kr/mission/
- 네이버 지식백과 http://terms.naver.com